Schriftenreihe des Behinderten-Sportverbandes NW
Behinderte machen Sport
Band 12

Michael Kolb/Barbara Heckmann
Mehr Spiele für den Herz- und Alterssport

D1574887

Schriftenreihe des Behinderten-Sportverbandes NW
Behinderte machen Sport
Band 12

Michael Kolb/Barbara Heckmann

Mehr Spiele für den Herz- und Alterssport

Perspektive und Praxis einer spielorientierten Bewegungsbildung

Meyer & Meyer Verlag

Die Deutsche Bibliothek – CIP-Einheitsaufnahme

Kolb, Michael:
Mehr Spiele für den Herz- und Alterssport : Perspektive und Praxis einer
spielorientierten Bewegungsbildung / Michael Kolb ; Barbara Heckmann.
1. Aufl. – Aachen : Meyer & Meyer, 2001
(Behinderte machen Sport ; 12)
ISBN 3-89124-803-2

© 2001 by Meyer & Meyer Verlag, Aachen,
Olten (CH), Wien, Oxford, Québec, Lansing/Michigan, Findon/Adelaide,
Auckland, Sandton/Johannesburg, Budapest
Member of the World
Sport Publishers' Association (WSPA)
Schriftleitung: Prof. Dr. Volker Scheid
Fotos: Jan Christmann, Kiel
Zeichnungen: Barbara Heckmann, Wien
Titelfoto: Klaus Bischops, Aachen
Entwurf Titelseite: Tacke – Neumann & Partner
Umschlagbelichtung: frw, Reiner Wahlen, Aachen
Belichtung: Typeline, Dagmar Schmitz, Aachen
Lektorat: Prof. Gerhard Neisel, Aachen
Druck: Druckpunkt Offset GmbH, Bergheim
Printed in Germany
ISBN 3-89124-803-2
E-mail: verlag@meyer-meyer-sports.com

Inhaltsverzeichnis

Die theoretischen Grundlagen

1 Die Lebensphase des Alters

2 Modelle von Bewegung, Spiel und Sport älterer Menschen

Die Praxis der Spiele

1 Hinweise zur Praxis des Spielens im Herz- und Alterssport

Vorwort

Zahlreiche positive Rückmeldungen auf das im Jahre 1995 erschienene und in der Zwischenzeit in dritter Auflage vorliegende Buch „Spiele für den Herz- und Alterssport" von Michael Kolb haben dazu angeregt, einen zweiten, ähnlich konzipierten Band zu verfassen. Offensichtlich sind viele, die Herz- und Alterssportgruppen anleiten, beständig auf der Suche nach erprobten Spielideen, die sie dabei unterstützen, ein für ihre Gruppen adäquates Bewegungsangebot vielfältig und abwechslungsreich zu gestalten.

Im Zentrum dieses Bandes steht weiterhin die Grundidee, dass Spielformen, die den körperlichen Möglichkeiten von älteren Menschen und auch Herzsportlern angepasst sind, sich besonders gut dazu eignen, den Teilnehmenden über ein rein körperliches Training hinaus eine Vielzahl potenziell persönlichkeitsbereichernder Erfahrungen zugänglich zu machen. Deshalb wird auch hier eine Auswahl von in der Praxis bewährten Spielformen vorgestellt. Die Entscheidung, welche Spiele in welcher der beschriebenen Variationsformen für die konkreten Voraussetzungen einer Gruppe geeignet sind, bleibt der Erfahrung der Leiterinnen und Leiter überlassen.

Die grundlegenden theoretischen Ausführungen beschäftigen sich im vorliegenden Band mit den Bewegungsaktivitäten älterer Menschen. Im Vordergrund stehen dabei die Begründung von Zielsetzungen sowie Möglichkeiten ihrer methodisch-didaktischen Umsetzung. Leserinnen und Leser, die sich für den Ansatz einer spielorientierten Bewegungstherapie für den Herzsport interessieren, können sich darüber im erwähnten Band „Spiele für den Herz- und Alterssport" (Kolb, 1995) informieren.

Unser Dank gilt den Teilnehmenden der von uns über viele Jahre geleiteten Herz- und Alterssportgruppen. Ihre konstruktiven Ideen, kritischen Rückmeldungen und kreativen Anregungen haben immer wieder zu Modifikationen und Weiterentwicklungen der Spiele geführt. Danken möchten wir auch Sabine Karoß, Liesel und Ingo Streckel, Petra Wolters sowie Susanne Zukrigl, die sich der Mühe des Korrekturlesens unterzogen haben. Besonderer Dank gebührt den Seniorenstudierenden, die sich im Rahmen ihres Kurses im Hochschulsport der Universität Kiel für Fotos zur Verfügung gestellt haben, und Jan Christmann, der diese mit viel Engagement ansprechend gestaltet hat.

Michael Kolb / Barbara Heckmann   Wien, im Frühjahr 2001

Vorwort des Behinderten-Sportverbandes

Als im Jahre 1995 das Buch „Spiele für den Herz- und Alterssport" als Band 3 der Schriftenreihe des Behinderten-Sportverbandes NW e.v. (BSNW) erschienen ist, fand es sofort eine äußerst positive Resonanz. Nicht nur die Anzahl der verkauften Exemplare war dabei für uns von Bedeutung, sondern vor allem das Wissen darum, wie viele dieser Spiele in den verschiedenen Herz- und Senioren-Sportgruppen im täglichen Einsatz zur Anwendung kamen.

Das Buch wurde Standardwerk bei der Übungsleiterausbildung des BSNW und ein Mittel für die Leiter von Herz- oder Senioren-Sportgruppen, ihr wöchentliches Training durch neue Ideen und Anregungen immer wieder zu ergänzen und so die Teilnehmerinnen und Teilnehmer, die Sportlerinnen und Sportler zu motivieren, auch unter den oft schwierigen körperlichen Bedingungen weiter an der Sportstunde teilzunehmen und Gutes für sich zu tun.

Das nun vorliegende Buch stellt eine hervorragende und wichtige Ergänzung und Erweiterung dar, das vielfältige Angebot sicherzustellen.

Dem BSNW ist es ein besonderes Anliegen, nicht nur den Sport in Herzgruppen zu fördern, sondern auch die sportlichen Möglichkeiten für behinderte und alte Menschen zu forcieren. Aus diesem Grunde wurde in den Jahren 1997 bis 1999 ein Projekt im BSNW dazu durchgeführt, das mit einem Videofilm mit dem Titel „Mobil bleiben – Aktiv sein" dokumentiert wurde. Mit dem Sozialministerium des Landes Nordrhein-Westfalen wurden dabei Möglichkeiten entwickelt, den Sport, da wo es nötig ist, zu den behinderten und alten Menschen zu bringen. Die Resonanz gibt uns Mut, weiterhin Kontakte mit Senioreneinrichtungen und Altenheimen, aber auch ambulanten Pflegeeinrichtungen zu suchen, um die physischen und vor allem psychischen sowie sozialen Aspekte des Sports auch dieser Personengruppe näher zu bringen. Sport für alle heißt auch: Sport für behinderte und alte Menschen. In diesem Sinne gibt der Band 12 der Schriftenreihe einen erneuten Impuls, nicht zu ruhen und im Sinne von Hilfe zur Selbsthilfe noch mehr Menschen an den Sport heranzuführen.

Theo Zühlsdorf

Vorsitzender des
Behindertensportverbandes NW e.V. (BSNW)

Einleitung

Betrachtet man die Entwicklung des Sports in den letzten Jahren, so zeigt sich, dass insbesondere im Bereich der Bewegungsangebote für Ältere deutliche Zuwachsraten zu verzeichnen sind. Die Ursache dafür liegt maßgeblich in der demographischen Entwicklung in Richtung eines „Ergrauens" der Gesellschaft. Das Phänomen einer Steigerung des Anteils älterer Menschen an der Gesamtbevölkerung gerät in die Schlagzeilen: Unter Begriffen wie „Altenlast", „Überalterung" oder „Vergreisung" der Gesellschaft werden teilweise katastrophenartige Krisenszenarien einer Altersversorgung entworfen, die unter der ansteigenden Pflegebedürftigkeit vieler Älterer zusammenbricht. Als Gegenbild findet man häufig die Darstellung einer Altersgeneration, die bei guter Gesundheit und in Wohlstand einen durch die Jüngeren finanzierten arbeits- und sorgenfreien Lebensabend verbringt. Derart polarisierende Klischees erschweren einen sachlichen Blick auf die Veränderungsprozesse, die der tiefgreifende demographische Wandel mit sich bringt, sowie auf die Anforderungen, die damit für die Gesellschaft wie für den Einzelnen verbunden sind.

Auch in den Sportwissenschaften wird die Aufmerksamkeit in vieler Hinsicht auf problematische Aspekte des Alterns gelegt. Entsprechend wird vor allem untersucht, wie durch sportliche Aktivitäten die körperliche Fitness älterer Menschen verbessert und negative körperliche wie geistige Alterungsprozesse verzögert werden können. Ziel ist letztlich, eine drohende Pflegebedürftigkeit zu verhindern oder zumindest möglichst lange hinauszuschieben. Es bleibt allerdings zu fragen, ob damit nicht ein zu einseitig problemorientierter Blick auf das Altern eingenommen und der Sport Älterer eindimensional für den Erhalt der Fitness funktionalisiert wird. Hierin liegt die Gefahr, dass die in sportlichen und spielerischen Bewegungsaktivitäten angelegten Möglichkeiten einer über die funktionale Dimension hinausgehenden positiven Beeinflussung von Alternsprozessen vernachlässigt werden.

Um eine tragfähige Basis für begründete Ziele von Bewegungsaktivitäten älterer Menschen zu gewinnen, soll der Blick im Folgenden zunächst über den sportwissenschaftlichen Horizont hinaus auf das Alter und Altern als soziales Phänomen gerichtet werden. Eigenes wie fremdes Altern wird zwar zunächst an unübersehbaren biologischen Veränderungen wahrgenommen. Die Haut bekommt zunehmend Falten, die Haare werden grau oder fallen aus, die Bewegungsmuster verändern sich, die körperliche Leistungsfähigkeit lässt nach, die Sinne können an Kraft verlieren und Krankheiten zunehmen. Wie diese Altersveränderungen allerdings auf der Basis historisch gewachsener Deutungsmuster und Wertmaßstäbe bewertet werden, variiert je nach Zeit und kulturellem Hintergrund deutlich. Es sind die sozialen Rahmenbedingungen, die wesentlich vorgeben, in welche Phasen der Lebenslauf eingeteilt wird, wann die Lebensphase des Alters beginnt, wie das individuelle Altern auf der Folie kultureller Normen erlebt wird und welche Möglichkeiten zur selbständigen Lebensgestaltung Älteren offenstehen.

Gegenstand des *1. Kapitels* der theoretischen Grundlagen ist die Darstellung der *Lebensphase des Alters* aus einer sozialwissenschaftlichen Perspektive. Dabei wird zunächst darauf eingegangen, wie es in den letzten hundert bis einhundertfünfzig Jahren auf der Basis grundlegender sozialer Umwälzungen erst zur *Entstehung des Alters* als einer für jeden erwartbaren Regellebensphase gekommen ist und welche tiefgreifenden Wandlungen das für das Selbsterleben und die Lebensführung älterer Menschen gehabt hat. Danach wird auf einige strukturelle *Veränderungen des Alters* eingegangen, die sich insbesondere in einer merklichen Ausdifferenzierung innerhalb der Gruppe der Älteren niedergeschlagen haben. Da es im hier vorgegebenen Rahmen nicht möglich ist, intensiver auf Forschungsergebnisse zum Alter einzugehen, werden zum Abschluss des Kapitels einige wesentliche *Ergebnisse gerontologischer Forschung* aufgeführt.

Das *2. Kapitel* ist der Beschreibung und Analyse derzeitiger *Modelle von Bewegung, Spiel und Sport älterer Menschen* gewidmet. Am Anfang steht die Darstellung der wesentlich aus Sportmedizin und Trainingslehre stammenden *funktionalen Zielsetzungen und Begründungen des Alterssports* und die Diskussion der Tragfähigkeit einer solchen Grundlegung. In kritischer Distanz dazu werden Vorstellungen einer *Bildung im Alter* skizziert, die die Grundlage für die konstruktive Entwicklung von Leitlinien einer *Bewegungsbildung im Alter* darstellen. Mit ihrer Hilfe sollen Ältere dabei unterstützt werden, die Anforderungen zu bewältigen, mit denen sie in modernen Gesellschaften konfrontiert werden. Abschließend wird dargestellt, welche Funktion dem *Spielen im Herz- und Alterssport* in einem solchen Modell der Bewegungsbildung zukommt.

Der umfangreichere zweite Teil des Buches ist der *Praxis der Spiele* gewidmet. Im *1. Kapitel* werden einige einführende *Hinweise zur Praxis des Spielens im Herz- und Alterssport* gegeben. In den folgenden *Kapiteln 2 - 11* wird unter verschiedenen thematischen Schwerpunkten eine umfangreiche Auswahl an Spielen beschrieben, mit deren Hilfe die skizzierten Zielsetzungen einer Bewegungsbildung im Alter realisiert werden können.

Dieses Buch wendet sich an *Übungsleiterinnen und Übungsleiter* sowie an *Sportlehrerinnen und Sportlehrer*, die in der *Bewegungsarbeit mit älteren Menschen* oder in der klinischen, insbesondere aber der *ambulanten Rehabilitation* im Bereich des *Herzsports* tätig sind. Sie sollen durch inhaltliche Anregungen dabei unterstützt werden, ihren Unterricht abwechslungsreich und interessant zu gestalten.

Das Anliegen des Buches geht allerdings darüber hinaus. Auf der Grundlage einer Analyse der modernen Entstehung der Lebensphase des Alters und der derzeitigen Struktur der Gruppe der Älteren soll das Modell einer zeitgemäßen Bewegungsbildung im Alter skizziert und gleichzeitig gezeigt werden, wie diese Zielsetzung mit Hilfe entsprechend gestalteter Spiele umgesetzt werden kann. Dadurch soll auch ein Beitrag zur Weiterentwicklung einer *Didaktik und Methodik des Alterssports* geleistet werden, die im Moment noch in den Anfängen stecken.

Die theoretischen Grundlagen

1   Die Lebensphase des Alters

Zur Entstehung des Alters: Das Alter ist jung

Die historische Sozialforschung hat in den letzten Jahrzehnten nachgewiesen, dass ein in Kindheit und Jugend, Erwachsenenalter und Alter gegliederter Lebenslauf keine vorgegebene „natürliche" Entwicklung des Menschen ist, sondern ein sozial konstruiertes Modell darstellt. Im Laufe der Menschheitsgeschichte hat sich die Position der Älteren innerhalb der Gesellschaft immer wieder verändert. Beobachtet werden können langfristige Wandlungen von Altersbildern und gesellschaftlichen Vorstellungen über Alternsprozesse, die eng mit ökonomischen und sozialstrukturellen Rahmenbedingungen verknüpft sind. Durch sie werden bestimmte Gliederungen des menschlichen Lebenslaufs erst hervorgebracht und Maßstäbe vorgegeben, an denen sich Menschen bei der Gestaltung und subjektiven Bewertung ihres Lebens im Alter orientieren (vgl. im Überblick Kolb 1999, 12 ff.; Rosenmayr 1994).

Bei allen gravierenden Differenzen zwischen verschiedenen historisch beobachtbaren Altersrollen zeigt sich beim Übergang von nicht-industriellen zu industriellen Gesellschaften eine deutliche Zäsur (vgl. Elwert & Kohli 1990). In vormodernen Gesellschaften existierten noch keine chronologisch definierten Altersgrenzen. Maßgeblich für die Bestimmung der sozialen Position war die Stellung in der Generationenfolge, die Zugehörigkeit zu einer bestimmten Gruppe wie beispielsweise zu einer Handwerkerzunft oder dem Adel sowie das persönliche Vermögen. Überwiegend arbeiteten die Menschen, meist eingebunden in die ländliche Wirtschaft einer bäuerlichen Hofgemeinschaft, bis an ihr Lebensende oder zumindest bis zu dem Zeitpunkt, an dem die nachlassenden Kräfte keine körperliche Arbeit mehr zuließen. Wer dann in keine stützende Gemeinschaft integriert war, verelendete im Normalfall und war auf die Armenpflege der Kirchen angewiesen. Der Beginn des Alters wurde also nicht chronologisch bestimmt, sondern alt war, wer nicht mehr über ausreichende Kräfte verfügte, um den eigenen Lebensunterhalt zu erarbeiten. Der gesellschaftliche Status des Alters war relativ niedrig und eng an biologischen Kriterien, vor allem Gebrechlichkeit und Verfall, orientiert.

Mit Beginn der Industrialisierung und Verstädterung zerfielen die Wirtschafts-verbände der großen Bauernhöfe zunehmend. Es kam zu einer radikalen Verän-derung der Produktionsverhältnisse und der Arbeitsorganisation. Der Staat rea-gierte mit der Einführung einer Sozial- und Rentengesetzgebung auf die zerfal-lenden agrarischen Strukturen und die damit einhergehenden wachsenden Prob-leme vor allem unter den älteren Arbeitern, da diese bei Gebrechlichkeit meist über keinerlei soziale Absicherung verfügten. Die Rentenempfangsberechtigung war an ein bestimmtes Alter geknüpft, das zu Beginn mit siebzig Jahren noch sehr hoch war und nur von wenigen erreicht wurde.

Die Vorstellung einer kalendarisch festgelegten Lebensphase, die von der Not-wendigkeit freigestellt war, sich einen Lebensunterhalt zu erarbeiten, entstand erst allmählich. Nach und nach war es im Zusammenhang der allgemeinen Ver-besserung der ökonomischen Bedingungen möglich, die über ihr Lebensalter definierte Gruppe der Älteren aus dem Arbeitsprozess auszugliedern und durch ein gesellschaftlich finanziertes Sicherungssystem auf einem Niveau zu versor-gen, das ihnen eine unabhängige Lebensführung ermöglicht. Erst durch staatli-che Vorgaben ist so ein institutionalisierter Lebenslauf entstanden, der durch chronologische Zäsuren in einzelne Lebensphasen untergliedert ist.

Die mit der Industrialisierung einhergehende Verbesserung der wirtschaftlichen Situation hat sich auch in einer deutlichen Ausweitung der Lebenserwartung der Menschen niedergeschlagen, welche das Alter erst zu einer allgemein erwartba-ren Lebensphase gemacht hat. Die durchschnittliche Lebenserwartung, die im letzten Drittel des 19. Jahrhunderts erst 37 Jahre betrug, hat sich bis heute bei Frauen auf knapp 79 Jahre und bei Männern auf 72 Jahre praktisch verdoppelt. Entsprechend lebten zu Beginn des 20. Jahrhunderts nur 4,4 Millionen Men-schen über 60 Jahre in Deutschland. Mitte der 90er Jahre ist diese Gruppe auf 16,4 Millionen angewachsen. Der Anteil an der Gesamtbevölkerung ist damit von rund 8 Prozent auf etwas über 20 Prozent angestiegen und weiterhin im Wachstum begriffen (vgl. Höhn & Roloff 1994).

Vergleicht man die Altersstrukturen anhand der Bevölkerungspyramiden ver-schiedener Epochen miteinander, so wird die grundlegende Veränderung, die hier stattgefunden hat, deutlich. Die Pyramide aus dem 18. Jahrhundert zeigt einen relativ „jungen" Aufbau. Es werden viele Kinder geboren, und die Men-schen sterben aufgrund der vergleichsweise harten, durch Krankheiten, Kriege und schlechte Ernährung gekennzeichneten Lebensbedingungen auf allen Al-tersstufen kontinuierlich weg.

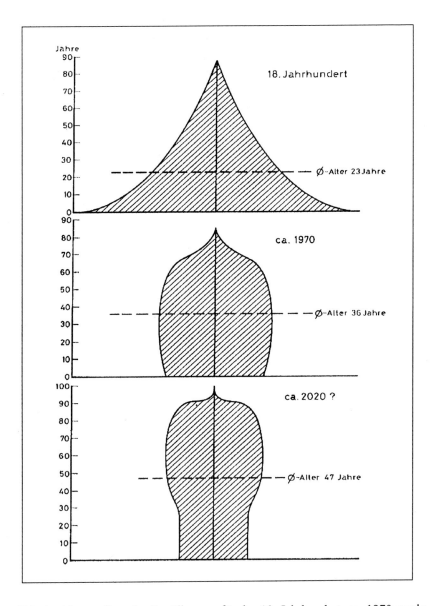

Abb. 1: Altersaufbau der Bevölkerung für das 18. Jahrhundert, ca. 1970 sowie prognostiziert für das Jahr 2020 in schematisierter Form (aus: Imhof 1988).

Dagegen hat sich die Alterspyramide um das Jahr 1970 völlig verändert. Einerseits ist die Geburtenhäufigkeit deutlich zurückgegangen. Zum anderen ist die Sterblichkeit im Kindes-, Jugend- und mittleren Erwachsenenalter praktisch verschwunden und konzentriert sich auf das höhere Erwachsenenalter. Der Fuß der Pyramide wird dadurch nicht nur schmaler und verjüngt sich sogar nach unten, sondern er bleibt auch über viele Jahresstufen hinweg fast konstant. Durch den massiven Anstieg der Lebenserwartung und den drastischen Rückgang der Geburtenrate hat sich die Alters-„Pyramide" in einen Alters-„Baum" verwandelt.

Falls sich die Geburtenhäufigkeit auf niedrigem Niveau stabilisiert, wovon derzeitige Prognosen ausgehen, so wird es in absehbarer Zukunft zu einem Umkippen im Altersaufbau kommen, und es entwickelt sich etwa bis zum Jahr 2020 ein Bevölkerungs-„Pilz" mit einem dicken „Alterskopf", der in der zweiten Hälfte dieses Jahrhunderts herauswächst.

Dieser tiefgreifende demographische Wandel, der in der Geschichte der Menschheit kein Vorbild hat, verursacht nicht nur Probleme im Hinblick auf die ökonomische Sicherung des Alters. Er hat sich auch in der Etablierung eines an kalendarischen Daten ausgerichteten standardisierten Lebenslaufs nieder-geschlagen, der das Erleben des individuellen Lebenshorizontes nachhaltig verändert. In modernen Industriegesellschaften hat die überwiegende Mehrheit der Menschen zum ersten Mal die Möglichkeit, ihre potenzielle biologische Lebensspanne auszuschöpfen bzw. ihr Alter überhaupt zu erleben. An die Stelle der unsicheren Lebenserwartung früherer Zeiten ist heute eine unvergleichlich sicherere getreten (vgl. Imhof 1988), die im persönlichen Empfinden der Menschen zu einer großen „Altersgewissheit" (Tews 1996, S. 187) geführt hat.

Aus der Verbindung sozialstaatlicher Sicherungssysteme und der Entstehung einer mit großer Sicherheit erwartbaren langen Lebenszeit ist so im Verlauf des letzten Jahrhunderts die *Regellebensphase des Alters* entstanden, die in der Zwischenzeit 20 bis 30 Jahre umfasst. Das Alter als selbstverständlicher Lebensabschnitt bzw. die soziale Gruppe der Älteren sind nach historischen Maßstäben relativ *junge Phänomene*. Den Menschen wurde dadurch die Chance eines vollkommen neuen, in vieler Hinsicht selbst zu gestaltenden Lebensabschnittes eröffnet. Allerdings existieren noch kaum personale oder gesellschaftliche Muster für ein gelingendes Leben im Alter.

Die Ausdifferenzierung des Alters: *Das* Alter gibt es nicht

Die Lebensphase des „Dritten Alters" (vgl. Laslett 1995) erstreckt sich heute in der Regel über zwei bis drei Jahrzehnte. Chronologisch gesehen umfasst es Menschen im Alter von 55 oder 60 Jahren ebenso wie hochaltrige Personen, die über 100 Jahre alt sind. Es darf nie übersehen werden, dass die herkömmlich mit dem Begriff „Ältere" oder „alte Menschen" bezeichnete Gruppe kaum mehr gemeinsam hat, als eine ungefähre Anzahl an Lebensjahren. Man versucht, diesem Tatbestand dadurch besser gerecht zu werden, indem man verschiedene Phasen des Alters unterscheidet, z. B. in ein drittes und ein viertes Lebensalter, die so genannten „jungen" und die „alten Alten". Allerdings bleibt festzuhalten, dass die gängigen Bilder des Alters und des Alterns, die die öffentliche Vorstellung immer noch prägen, vielfach aus Zeiten stammen, in denen mit dem Alter in der Regel Krankheit und Gebrechlichkeit verbunden waren. Heute stimmt das chronologische Alter immer weniger mit dem funktionalen Alter überein, sondern lebenslang prägende soziale und biographische Merkmale beeinflussen das individuelle Altern mehr als die Anzahl an durchlebten Jahren.

Das Alter mit seinen extrem unterschiedlichen Ausprägungen ist kaum mehr als Gesamt darstellbar. Hier soll allenfalls auf verschiedene *Strukturmerkmale* hingewiesen werden, die für diese Lebensphase bei allen beobachtbaren beträchtlichen Unterschieden als kennzeichnend gelten können (vgl. Tews 1993).

Ein hervorstechendes Merkmal stellt die zeitliche Ausdehnung des Alters durch die schon beschriebene Erhöhung der Lebenserwartung sowie die Verschiebung der chronologischen Altersgrenzen nach unten dar, die Tews (vgl. 1993) als „Verjüngung" des Alters bezeichnet. Ursache für die Vorverlegung des Altersbeginns ist zum einen, dass die nachrückenden Alterskohorten in den letzten Jahrzehnten ihre Berufstätigkeit immer früher beenden. Nach sozialer Definition treten damit schon 55- bis 59-Jährige in die Phase des Alters ein. Auf der anderen Seite sind Frauen mittlerweile beim Auszug des letzten Kindes im Schnitt 45 Jahre alt und haben nach der Familienphase, die das mittlere Lebensalter meist bestimmt, eine Lebenszeit von über 30 Jahren vor sich (vgl. Beck-Gernsheim 1993). Nach dem Familienzyklus folgen derzeit für Frauen wie für Männer meist noch zwei bis drei Jahrzehnte, die nicht mehr durch berufliche oder familiäre Anforderungen geprägt sind, sondern neue Freiheiten mit sich bringen.

Weitere soziodemographische Merkmale des Alters sind die „Feminisierung", also der mit steigendem Alter wachsende Anteil an Frauen, sowie die „Singularisierung", also der zunehmende Anteil Alleinlebender (vgl. Tews 1993). Frauen

sind im Durchschnitt immer noch überwiegend jünger als ihre Ehepartner. Zusätzlich ist durch ihre höhere Lebenserwartung für sie die Wahrscheinlichkeit,
ihren Ehepartner zu überleben, wesentlich größer als umgekehrt. Folge ist ein
mit zunehmendem Lebensalter ansteigender Frauenüberschuss. Nach Tews
(1993) ist das Alter bei den über 60-Jährigen zu 2/3 und bei den über 75-Jähri-
gen sogar zu 3/4 eine Frauengesellschaft. Durch den früheren Tod meist des
männlichen Ehepartners nimmt auch der Anteil Alleinstehender kontinuierlich
zu. So waren in Deutschland 1992 nur noch 28 Prozent der Frauen über 65 Jahren verheiratet und 72 Prozent alleinstehend, davon der überwiegende Teil ver-
witwet. Frauen werden im Durchschnitt mit 68 Jahren Witwe und leben dann
noch 14 bis 15 Jahre allein. Der Witwenstand ist Teil der weiblichen Normal-
biographie im Alter (vgl. Fooken 1993).

Nicht übersehen werden darf, dass das individuelle Alter Ergebnis einer lebenslangen Biographie mit sozialen und ökonomischen Benachteiligungen oder aber
bevorzugten Lebensumständen ist, die ihren Niederschlag in positiven und ne-
gativen Altersformen finden (vgl. Dieck & Naegele 1993). Heute existieren in
noch nie dagewesenem Umfang Ältere in privilegierten Lebenslagen, die über
Vermögen und Besitz verfügen, körperlich relativ fit und gesund sind und einen
konsumfreundlichen Lebensstil pflegen. Andererseits existieren Gruppen, bei
denen sich schon über das gesamte Leben hinweg bestehende soziale Benachteiligungen verstärken und in einer ausgeprägten Altersarmut niederschlagen.
Oft finden sich hier ältere alleinstehende Frauen, die keine eigenen Rentenan-
sprüche erworben haben und nach dem Tod des Mannes nur über ein minimales
Einkommen verfügen.

Insgesamt haben die deutliche Ausdehnung der Altersphase und die damit verknüpften internen Ausdifferenzierungen dazu geführt, dass die biologischen,
psychischen und sozialen Dimensionen des Alters sich in vieler Hinsicht auseinander entwickeln und nicht eng an chronologische Daten gebunden sind. Trotz
aller Differenzen sind die gesellschaftlich dem Alter zugerechneten Menschen
heute allerdings im Durchschnitt vergleichsweise gesund, weitgehend be-
schwerdefrei, leistungsfähig und funktionell deutlich jünger als die altersmäßig
vergleichbare Gruppe früherer Zeiten. Die Menschen haben praktisch eine zusätzliche Lebensphase gewonnen, die sie bei relativ guter Gesundheit und mate-
rieller Sicherheit weitgehend unabhängig von sozialen Verpflichtungen in eigener Regie gestalten und gemäß persönlicher Zielsetzungen füllen können. Die
Älteren stehen häufig vor der widersprüchlichen Situation, dass sie sich selbst

noch viel zu jung fühlen, um alt zu sein, dass man sie gesellschaftlich aber als
alt beurteilt und ihnen entsprechend begegnet.

Ergebnisse gerontologischer Forschung: Das Alter ist vielschichtig

Die Gerontologie, die Wissenschaft vom Alter und Altern, beschäftigt sich mit
der „Beschreibung, Erklärung und Modifikation von körperlichen, psychischen,
sozialen, historischen und kulturellen Aspekten des Alterns und des Alters, einschließlich der Analyse von alternsrelevanten und alternskonstituierenden Um-
welten und sozialen Institutionen" (Baltes & Baltes 1992, S. 8). Neben der
systematischen Erforschung der Lebensphase des Alters und Prozessen individuellen Alterns ist es also auch Anliegen der Gerontologie, ihre Forschungsergebnisse für Interventionsmaßnahmen zur Verbesserung des Lebens im Alter
nutzbar zu machen.

Es ist an dieser Stelle nicht möglich, die Vielzahl an Befunden zu unterschiedlichen Aspekten des Alters und des Alterns insbesondere aus den großen Längs-
schnittstudien wiederzugeben, in denen die Veränderungen verschiedener
Merkmale über längere Zeit hinweg beobachtet wurden. Im Folgenden sollen
lediglich die Ergebnisse zu Kernaussagen verdichtet und kurz erläutert werden
(vgl. Kruse 1989, 3 ff.; Mittelstraß et. al. 1992, S. 698ff.).

Eine zentrale Erkenntnis der Gerontologie ist die hohe *inter- und intraindividu-
elle Variabilität des Alterns*. Das bedeutet, dass einzelne Bereiche der Persönlichkeit in ihrer Entwicklung sehr unterschiedliche Verlaufsformen zeigen können. Der Prozess des Alterns ist keineswegs uniform und biologisch determi-
niert. Er verläuft nicht nur bei verschiedenen Personen unterschiedlich, sondern
auch bei ein und derselben Person sind zum Teil deutlich differierende Verläufe
der verschiedenen Fähigkeits- und Persönlichkeitsbereiche zu beobachten. Man
findet gleichzeitig einen Abbau bestimmter Funktionen, weitgehende Konstanz
in anderen Bereichen sowie einen Aufbau neuer Potenziale. Für Baltes (1990) ist
das Altern durch ein dynamisches Wechselspiel wachstumsorientierter Gewinn-
und abbauorientierter Verlustprozesse gekennzeichnet, deren vielfältiges Zu-
sammenwirken erst die Gesamtentwicklung konturieren.

Mit den Begriffen *Multidimensionalität* und *Multidirektionalität des Alterns*
wird das Phänomen bezeichnet, dass physische, psychische und soziale Merkmale des Alterns unterschiedlich und auf keine festgelegten Endpunkte hin, sondern in ganz verschiedene Richtungen verlaufen können. Alternsprozesse haben
keinen einsinnigen und universellen Charakter. Das zeigt sich auch bei den gro-

ßen Differenzen in den Fähigkeiten und Fertigkeiten bei Menschen gleichen Alters. Im Alter nehmen individuelle Unterschiede als Ausdruck von im Leben gewonnenen Erfahrungen und von unterschiedlichen Lebenslagen weiter zu. Altern ist ein Prozess zunehmender Differenzierung und Individualisierung, in dem sich lebenslange Muster fortsetzen.

Zwar ist das Altern vielfach von Verlustprozessen gekennzeichnet, aber selbst bei Menschen im hohen Alter kann man beobachten, dass noch Aufbauprozesse stattfinden. Das Altern ist also im Kern ein *dynamischer Prozess*, bei dem bis zuletzt Weiterentwicklungen möglich sind. Damit sind nicht nur potenzielle quantitative Zunahmen von Fähigkeiten im Alter gemeint, sondern gerade auch qualitative Veränderungen, die zu veränderten Zielsetzungen führen und in neue Formen der Lebensführung münden. Man kann also von einer lebenslangen Veränderungsfähigkeit und Plastitzität - im Sinne noch unausgeschöpfter Potenziale - ausgehen.

Mit dem Begriff der *Kontextualität des Alternsprozesses* wird der Tatbestand bezeichnet, dass der jeweilige Verlauf des Alterns durch ein Geflecht soziokultureller, ökonomischer, ökologischer, historischer und biographischer Faktoren beeinflusst wird, die zudem in Wechselwirkung miteinander stehen. Die aktuelle Lebenssituation eines Menschen ist Ausdruck biographischer Gegebenheiten der Vergangenheit, situativer äußerer Bedingungen der Gegenwart sowie zukunftsbezogener Wünsche und Zielvorstellungen. Biologische Faktoren bzw. das chronologische Alter spielen demgegenüber eine vergleichsweise geringe Rolle.

Insbesondere längsschnittliche Untersuchungen haben gezeigt, dass Alternsprozesse eng mit der Lebensgeschichte zusammenhängen und das Durchleben des Alters wesentlich von früheren Lebensabschnitten beeinflusst wird. Gerade der *biographische Kontext* mit seinen sozialen Kennzeichnungen bestimmt in vieler Hinsicht die Art und Weise, wie ältere Menschen ihr Alter erleben, wie sie im Alter handeln und auf welche Weise sie ihr Leben gestalten. Obgleich noch lange Zeit Möglichkeiten verbleiben, das eigene Altern zu verändern, fallen viele wichtige Entscheidungen über die Art und Weise des Lebens im Alter vergleichsweise früh im Leben. Ältere Menschen, die über eine längere und bessere Schulbildung verfügen, mehr in selbstbestimmten und Flexibilität erfordernden Berufen mit gutem Gehalt tätig waren und über eine lebenslange Erfahrung an Selbstständigkeit verfügen, sind auch im Alter leichter in der Lage, einen den veränderten Bedingungen angepassten Lebensstil aufzubauen und ihrem Leben subjektiv Sinn zu verleihen.

Das Alter im Modernisierungsprozess: Altern ist anspruchsvoll

Im Prozess der gesellschaftlichen Modernisierung haben sich in den letzten Jahren die engen Vorgaben für das Leben im Alter gelockert. Die Lebensläufe folgen nicht mehr weitgehend vorgezeichneten Bahnen, sondern an den sozial gesetzten Zeitmarken steht eine ganze Anzahl von Optionen offen. Die Menschen müssen sich bis ins Alter immer wieder mit alternativen Lebensentwürfen auseinander setzen und ihren persönlichen Lebensweg wählen, gestalten und verantworten.

In einer komplex gewordenen Welt stehen die Menschen permanent vor der Aufgabe, eine eigene Position in der Gesellschaft zu finden und eine persönliche Identität zu verwirklichen. In modernen Gesellschaften werden damit hohe Ansprüche an die Fähigkeit des Einzelnen zur dauernden biographischen Selbstreflexion und selbstständigen Ausformung des Lebens gestellt. Der Lebenslauf bildet nur noch den äußeren Rahmen für Wahlbiographien, in denen durch vielfältige Entscheidungen eine persönliche Form der Lebensführung verwirklicht wird. Durch diesen Individualisierungsprozess sind dem Einzelnen mehr Freiräume zur eigenen Lebensgestaltung eröffnet worden. Er muss aber auch die Verantwortung für die Konsequenzen seiner Lebensentscheidungen selbst tragen (vgl. ausführlich Beck 1986).

Gerade die vergleichsweise neue, ausgedehnte Lebensphase des Alters verlangt nach dem Familien- und Berufsleben eine tiefgreifende Neubestimmung und Neufüllung. Ältere stehen heute vor der historisch neuen Aufgabe, ihre sozialen Lebensmuster und Altersrollen selbst zu finden und zu verwirklichen. Ein besonderes Problem ist dabei, dass „die individuellen Möglichkeiten der Menschen heute weiter entwickelt sind, als das vorhandene Angebot seitens der sozialen Struktur" (Prahl & Schroeter 1996, S. 124).

Den Älteren ist also eine „späte Freiheit" (vgl. Rosenmayr 1983) eröffnet worden. Die Kompetenz, unter teilweise schwieriger werdenden Bedingungen neue Lebensperspektiven zu entwickeln und diese zu verwirklichen, wird mehr und mehr zur wesentlichen Voraussetzung für ein gelingendes Altern. Viele Ältere sind auf diese Aufgabe allerdings wenig vorbereitet, und es existieren zudem kaum personale und soziale Vorbilder, an denen sie sich orientieren könnten.

Angesichts der beschriebenen großen Heterogenität der Älteren kann es das *eine* erfolgreiche Modell des Alterns jedenfalls kaum geben, sondern nur je nach Biographie, gegebenen Lebensmöglichkeiten und konkreter Lebenslage verschiedene Formen gelingenden Alterns. Zur entscheidenden Frage wird, ob das eigene Alter zu einer nach persönlichen Wertmaßstäben erfüllten Lebenszeit gestaltet werden kann.

2 Modelle von Bewegung, Spiel und Sport älterer Menschen

Zu funktionalen Zielsetzungen und Begründungen des Alterssports

Innerhalb der Sportwissenschaften wird die Diskussion über Möglichkeiten und Ziele für Bewegungsaktivitäten Älterer bislang von Sportmedizin und Trainingswissenschaft dominiert. Im Vordergrund steht dabei eine funktionale Argumentation, nach der die mit dem Altern einhergehenden, als negativ eingeschätzten körperlichen und geistigen Abbauprozesse durch Sport ausgeglichen bzw. verzögert werden sollen.

Im Folgenden soll näher auf die theoretische Begründung dieser Zielsetzung eingegangen sowie auf einige kritische Aspekte hingewiesen werden, die in dieser Argumentation angelegt sind. Insbesondere soll aufgezeigt werden, dass einem funktional ausgerichteten Modell des Alterssports normative Bilder eines „richtigen" Alterns zugrunde liegen, die Ältere implizit mit bestimmten Lebensmaßstäben konfrontieren.

Im funktional ausgerichteten Modell des Alterssports steht das Anliegen im Zentrum, durch Sport defizitäre Entwicklungen im Alter zu bekämpfen. Die Bewegungsaktivitäten sollen vorrangig präventiven und therapeutischen Zielsetzungen dienen. In den Mittelpunkt wird die „Erhaltung der körperlichen Leistungsfähigkeit und die Einschränkung der Folgen des natürlichen Alternsprozesses im Sinne einer Gesundheitsvorsorge oder der Bewegungstherapie" (Meusel 1982, S. 23) gestellt. Es geht um die möglichst optimale Erhaltung insbesondere der motorischen, aber auch der psychischen und sozialen Funktionen und die Steigerung des Wohlbefindens durch Sport: Faktoren, die als entscheidende Voraussetzungen für eine gute Lebensqualität im Alter angesehen werden.

Die Annahme, dass ein derartiger Eingriff in den Alternsprozess über ein körperliches Training möglich ist, wird vor allem aus Forschungsergebnissen der Sportmedizin abgeleitet. Dort ist nachgewiesen worden, dass die Stoffwechselleistung, die Funktionsfähigkeit der einzelnen Organe sowie die Anpassungsfähigkeit an körperliche Belastungen im Alternsverlauf zwar abnehmen, bis ins hohe Alter aber noch eine Plastizität bzw. Entwicklungskapazität der körperlichen Funktionen nachgewiesen werden kann (vgl. Weineck 1994, 346 ff.; Meusel 1996, S. 41f.).

Der Nachweis einer körperlichen Entwicklungsreserve wird durch eine andere Beobachtung ergänzt. So konstatiert bereits Lang (1975, S. 76), dass „der Verlauf der kardiopulmonalen Funktionsgrößen mit dem Alter in hohem Maße der Tendenz der Messgrößen gleicht, wie sie beim Menschen unter Bewegungsmangel gefunden werden". Diese Erkenntnis, dass durch einen ausgeprägten Bewegungsmangel ein ähnlicher Funktionsabbau hervorgerufen werden kann wie durch die in Folge verminderter Adaptionsfähigkeit feststellbaren Abbauprozesse im Alter, wird zur entscheidenden theoretischen Begründung des Alterssports (vgl. Badtke & Israel 1985). Man gelangt zu der Überzeugung, dass „die Altersatrophie sicher nicht nur eine rein regressive altersbiologische Erscheinung, sondern auch ein mehr oder weniger deutlich ausgeprägter rezessiver Anpassungsvorgang an die Verminderung der körperlichen Aktivität im Alter" (Lang & Lang 1993, S. 430) ist. Es wird also von einem doppelt bedingten Abbau der körperlichen Funktionsfähigkeit im Alter ausgegangen. Der Anteil, der durch Inaktivität hervorgerufen wird, soll durch Training rückgängig gemacht oder zumindest verlangsamt werden.

Gleichzeitig nimmt man an, dass eine gute körperliche Fitness eine wesentliche Voraussetzung für ein zufrieden stellendes Leben bzw. eine hohe Lebensqualität im Alter darstellt. So führt für Lang und Lang (1990, S. 145) „körperliche Aktivität auch im höheren Lebensalter zu einer Verbesserung der Mobilität, der Leistungsfähigkeit, der Belastbarkeit und damit der Lebensqualität". Für Kirchner (1997, S. 184) ist die Lebensqualität sogar „ursächlich vom individuellen motorischen Fähigkeits- und Fertigkeitsniveau abhängig" und für Meusel eine „ausreichende Bewegungsaktivität für die Erhaltung der Lebensqualität unverzichtbar" (Meusel 1996, S. XI). Aus der Verknüpfung einer bis ins hohe Alter nachgewiesenen Trainierbarkeit und der unterstellten großen Bedeutung einer guten körperlichen Funktionsfähigkeit für die Lebensqualität im Alter ergibt sich als leitende Zieldimension des Alterssports der Erhalt der körperlichen Fitness durch ein gezieltes Training.

Entsprechend ist die Diskussion zur Methodik und Didaktik des Alterssports von Fragen einer altersgemäßen Trainingsgestaltung geprägt, wie optimale Belastungsdosierung, Eignung bestimmter Sportarten oder Einteilung von Zielgruppen. Wesentliche Kriterien für die Auswahl geeigneter Inhalte wie auch die Gestaltung von Bewegungsstunden stellen die körperlichen Beanspruchungsformen dar. An ihnen orientieren sich Vorgaben für die ideale Aufteilung von Unterrichtsstunden: „60 Prozent Schulung der Ausdauer, 30 Prozent Schulung der Gewandtheit und Beweglichkeit, 10 Prozent Schulung der Kraftausdauer" (Bringmann 1982, S. 395).

Die skizzierte Argumentation folgt im Wesentlichen einem kompensatorischen Grundgedanken (vgl. Beckers & Mayer 1991; Allmer & Tokarski et. al. 1996). Dem Alterssport wird vor allem die Aufgabe zugeschrieben, negativ eingeschätzte Alternsprozesse auszugleichen. Dem liegt ein leistungsbezogenes Lebenslaufmodell zugrunde, in dem dem Aufstieg bis zum „Höchstleistungsalter" ein unvermeidlicher Abfall folgt. Im Hinblick auf die körperliche Leistungsfähigkeit kann es in der absteigenden Phase allenfalls noch darum gehen, Abbauprozesse zu verlangsamen oder aufzuhalten.

Diese Vorstellung eines durch Bewegungsaktivitäten vermeidbaren Alters kommt in so eingängiger Form Leitbildern eines modernen, von Fitness und körperlicher Funktionsfähigkeit geprägten Lebens entgegen, dass sie in der Öffentlichkeit eine große Akzeptanz gefunden hat und kaum noch in Frage gestellt wird. Allerdings lassen sich hier einige kritische Einwände erheben.

Aus sportmedizinischer Sicht ist zwar bis ins hohe Alter eine Trainierbarkeit körperlicher Funktionen nachgewiesen worden. Weitgehend ungeklärt ist allerdings weiterhin, welchen Einfluss Trainingsbelastungen über längere Zeit gesehen auf den physischen Alterungsprozess haben. Die Frage ist vor allem, ob durch ein Training bei Älteren die Anpassungsreserve so stark belastet wird, dass daraus eine Minderung der Fähigkeit zur Belastungskompensation resultiert. Eine solche Interpretation legen neuere Forschungen zum zellulären Mechanismus der Trainingsanpassung von Mader (1990; vgl. auch Mader & Ullmer 1995) nahe, in denen auf einen möglichen Verschleiß zellulärer Strukturen durch körperliche Belastungen hingewiesen wird. Hier wird auf das Problem hingewiesen, dass die bislang positiv bewerteten Effekte einer gesteigerten körperlichen Fitness durch einen hohen Belastungsstress und eine „möglicherweise schnellere Abnutzung wesentlicher regenerativer Strukturen des Organismus, zum Beispiel der Gene" (Mader & Ullmer 1995, S. 49), erkauft werden.

Hinter dem Gedanken einer im Alter erforderlichen Kompensation von Abbauprozessen steht zudem implizit die leitende Norm eines reibungslos funktionierenden Körpers. Gemessen an diesem Bezugspunkt erscheint der Alternsprozess als ein degenerativer, mit Krankheiten und zunehmenden Funktionsstörungen einhergehender physischer Vorgang. Ein „erfolgreiches" Altern zeichnet sich demnach durch eine gute Fitness aus. Mangelnde Fitness muss also zu einem unzufriedenen, problematischen Altern führen. Die Vorstellung, dass für ein zufrieden stellendes Alter ein funktionsfähiger Organismus erforderlich ist, führt zu der merkwürdigen Paradoxie, dass es offensichtlich Ziel des Alterns sein sollte, möglichst nicht zu altern. Oder wie Dittmann-Kohli (1989, S. 306) es ausdrückt: „Das erfolgreichste Altern ist das Nicht-Altern." Lebt man allerdings gegen sein Altern, so besteht die Gefahr, dass die spezifischen Möglichkeiten dieser Lebensphase kaum in den Blick kommen.

Grundsätzlich ist die Frage zu stellen, ob in der funktionsorientierten Argumentation dem Erhalt der körperlichen Leistungsfähgkeit nicht eine zu hohe Bedeutung für ein zufrieden stellendes Altern beigemessen wird, zumal gerontologische Untersuchungen zeigen, dass kein direkter Zusammenhang zwischen objektivem körperlichen Status und individuellem Wohlbefinden im Alter festgestellt werden kann. Der subjektiven Bewertung wichtiger Lebensbereiche wie der positiven eigenen Beurteilung der Gesundheit, der Zufriedenheit mit der finanziellen Situation, mit den sozialen Beziehungen und der Teilnahme am gesellschaftlichen Leben kommt eine viel größere Bedeutung für das allgemeine Wohlbefinden zu als dem nach medizinischen Kriterien beurteilten Gesundheitsstatus (vgl. Smith et. al. 1996).

Problematisch ist auch, dass ein an körperlichen Fitnessvorstellungen orientiertes Altersbild zwangsläufig ein negatives Gegenbild mitzeichnet. All jene, die dem „positiven" Bild der „fitten" Alten nicht gerecht werden können oder auch wollen, werden auf diese Weise ausgegrenzt und negativ stigmatisiert. Die Älteren werden so in zwei Gruppen gespalten. Die einen haben sich durch körperliche Aktivitäten ein leistungsfähiges Alter erarbeitet; die anderen durch mangelnde Bewegung ein „negatives" Alter offensichtlich selbst verschuldet.

Diese kritischen Einwände bedeuten keinesfalls, dass die in den Bewegungsaktivitäten Älterer angelegten Möglichkeiten, körperlichen Abbauerscheinungen entgegenzuwirken, nicht genutzt werden sollten. Allerdings sollten sie in ein Modell der Bewegungsbildung im Alter eingeordnet werden, in dem nicht die Vorstellung geweckt wird, dass der Alterungsprozess durch Trainingsmaßnahmen gleichsam technisch beherrschbar ist, sondern die besonderen Anforderungen und Chancen, die in der Lebensphase des Alters angelegt sind, ins Zentrum gestellt werden.

Bildung im Alter – Bewegungsbildung im Alter

Die skeptischen Einwände gegen primär funktionsorientiert ausgerichtete Bewegungsempfehlungen für Ältere sollen zum Anlass genommen werden, um im Folgenden wichtige Momente einer Bildung im Alter zu bestimmen, daraus Leitlinien einer Bewegungsbildung im Alter zu entwickeln sowie eine Möglichkeit zu deren Umsetzung mit Hilfe von Spielen zu skizzieren.

In einer sinnfälligen Formulierung kann Bildung als unabschließbarer Prozess der Selbstentfaltung gefasst werden, in dem der Mensch in Auseinandersetzung mit einer Sache sich selbst und die Sache besser kennen lernt - und das am besten gemeinsam mit anderen. Der Bildungsprozess erschöpft sich demnach nicht im Aufnehmen eines Inhalts, sondern er entwickelt sich als Auseinandersetzung aktueller Sichtweisen mit bislang unbekannten Merkmalen eines Gegenstandes. Er vollzieht sich gerade im produktiven Spannungsverhältnis zwischen bisherigen und neuartigen Perspektiven auf eine Sache und führt zu einer Erweiterung des persönlichen Verstehenshorizonts sowohl im Hinblick auf sich selbst als auch auf den Gegenstand.

Gemeinsam mit anderen wird der Bildungsvorgang insbesondere deshalb vorangebracht, weil sich vor allem in der kommunikativen Kontrastierung verschiedener Sichtweisen die Wahrnehmung für neue Perspektiven öffnet. Bildung stellt dabei einen lebensbezogenen Prozess dar, in dem Menschen individuelle Maßstäbe für die selbstverantwortete Gestaltung ihres Lebens gewinnen können. Insbesondere in modernen Gesellschaften kommt Bildung mehr und mehr eine „Reflexionsfunktion" (Schäffter 1999, S. 35) zu, um den mit Individualisierungsproblemen verknüpften Orientierungsbedarf zu bearbeiten.

Auch die Gestaltung des Alters ist, wie schon angesprochen, immer weniger sozial vorgegeben, sondern erhält in den „vielfältigen biographischen Optionsmodellen des Alterns eine Entwicklungs- und Gestaltungsperspektive" (Böhnisch 1999, S. 121), die Ältere vor die Anforderung stellt, ihr persönliches Altern bewusst zu gestalten. Diese Aufgabe ist kaum mehr allein im Rückgriff auf bisherige Lebenserfahrungen zu bewältigen. Vielmehr wird, unter anderem im Rahmen organisierter Bildungsangebote, immer häufiger Beratung und Unterstützung gesucht und in Anspruch genommen. Ziel einer zeitgemäßen Altenbildung muss es deshalb sein, die bei Älteren vorhandenen Potenziale zur Gestaltung ihres Lebens zu stärken und sie bei Orientierungs- und Selbstfindungsprozessen zu unterstützen. Vor diesem Hintergrund lassen sich verschiedene *Bestimmungsmomente* einer Bildung im Alter ausmachen:

Bildung ist immer *lebensbezogene Bildung*, d.h., Bildungsprozesse nehmen ihren Ausgang an offenen Fragen, an Lebensproblemen und -aufgaben, für deren Beantwortung eine Orientierungsbewegung in Gang gesetzt und neue Einsichten und Fähigkeiten erworben werden müssen. Angesichts der nicht nur im Alter zunehmend von Umbrüchen und Veränderungen gekennzeichneten Lebensläufe übernehmen Bildungsangebote mehr und mehr die Funktion, Ältere bei der bewussten Auseinandersetzung mit dem eigenen Leben zu unterstützen und sie bei eventuellen Umgestaltungsprozessen zu begleiten.

Die Erosion traditionaler sozialer Strukturen hat sich in einer relativen Offenheit des Lebenslaufs niedergeschlagen, die die Menschen vor die Aufgabe stellt, ein stimmiges Bild ihrer Lebensgeschichte herzustellen. In ihrer Biographie geben Menschen den diskontinuierlichen Ereignissen ihres Lebens eine verständliche, für sich und andere nachvollziehbare Gestalt, die ihr Leben erst mit individuellem Sinn versieht. Auch für Ältere wird die Kompetenz zur Biographiegestaltung bzw. die Fähigkeit, eine „Identität als Alternder entwickeln und leben zu können" (Mader 1995, S. 29), zu einer der wichtigsten Voraussetzungen für ein gelingendes Altern. Im Zentrum einer *biographischen Bildung* im Alter steht deshalb die Auseinandersetzung mit dem eigenen Gewordensein. Damit Menschen auch noch im Alter über ihr Leben verfügen können, bedarf es wohl einer selbstreflexiven Erkenntnis der eigenen Geschichte, auf deren Grundlage Perspektiven und Entwürfe entwickelt werden können, wie die verbleibende Lebenszeit gestaltet werden soll.

Die biographische Bildung bekommt dabei den Charakter einer *abschließenden und öffnenden Bildung*. Vor dem Hintergrund der Einsicht in den schwindenden Lebenshorizont findet eine Integration und Bewertung all dessen statt, was im bisherigen Leben erreicht, aber auch verfehlt worden ist. Erst auf der Basis eines solchen Resümees können bislang geltende Wertvorstellungen und Handlungsorientierungen überprüft und an die neu gegebenen Bedingungen angepasst werden. Einer öffnenden Bildung käme hier die Aufgabe zu, älteren Menschen zu verdeutlichen, dass die zukünftige Gestaltung ihres Lebens sich nicht in einer linearen Verlängerung des Bisherigen erschöpfen muss, sondern dass eventuell bislang unerkannte und ungenutzte Optionen bestehen.

Bildung im Alter sollte den Charakter einer *ermutigenden Bildung* haben. Viele der Älteren hatten im Verlauf ihres Lebens wenig Möglichkeiten, die notwendigen Fähigkeiten zu entwickeln, um den Lebensanforderungen in pluralisierten und individualisierten Gesellschaften gerecht zu werden. Besonderes Augenmerk muss deshalb im Rahmen von Bildungsangeboten darauf gerichtet werden, Ältere zu ermutigen, ihre Interessen und Bedürfnisse zu vertreten und sich für eigene Belange einzusetzen.

Die Anforderungen moderner Gesellschaften müssen im Alter nicht nur auf der individuellen Ebene beantwortet werden, sondern der gesellschaftlich wenig vorstrukturierte Zeitraum bedarf der Etablierung neuartiger, partizipativer sozialer Beziehungsformen und Wahlgemeinschaften. Ältere müssen heute die von ihnen gewünschten Formen der Teilhabe an der Gesellschaft selbst suchen, finden und mitentwickeln (vgl. Mader 1995). In einer *partizipativen Bildung* sollen bei Älteren all jene Kompetenzen gefördert werden, die sie dazu befähigen, eigenen Vorstellungen gemäß am gesellschaftlichen Leben teilzuhaben. Dazu gilt es innerhalb angeleiteter Bildungsprozesse Umstände und Situationen bereitzustellen, die für die Älteren zunehmende Gestaltungsspielräume enthalten und ihnen Möglichkeiten bieten, mit anderen zusammenzuarbeiten sowie über gemeinsame Zielsetzungen mitzuentscheiden.

Aufgabe eines mit Hilfe sportlicher und spielerischer Bewegungsaktivitäten initiierten Bildungsprozesses im Alter wäre es, soziale und personale Erfahrungsräume zur Verfügung zu stellen, mit deren Hilfe bei Älteren die angesprochenen Entwicklungen angestoßen werden. Im Anschluss an die skizzierten Bestimmungsmomente einer Bildung im Alter können dabei die folgenden Leitlinien einer *Bewegungsbildung im Alter* ausgemacht werden:

Das Moment der Lebensbezogenheit verlangt, im Gegensatz zu den funktional auf spezifische körperliche Problemlagen ausgerichteten Programmen, eine deutliche Teilnehmendenorientierung, um eng an Interessen und *Bewegungsbedürfnissen ansetzen* zu können. Das bedeutet, dass die Leitenden sich immer wieder mit den Teilnehmenden über deren Erwartungen, Wünsche, Interessen und Bedürfnisse austauschen und die Themen und Inhalte des Bewegungsangebotes daran orientieren.

Im Kontext der Auseinandersetzung mit persönlichen Vorstellungen der Teilnehmenden zeigt sich häufig, dass Vorlieben sowie Aversionen und sogar Ängste ihren Ursprung in zum Teil lange zurückliegenden biographischen Sport- und Bewegungserlebnissen haben. Deshalb ist es wichtig, mit den Älteren über ihre *Bewegungsbiographie* ins Gespräch zu kommen und diese mit ihnen zu *reflektieren*, um auf dieser Basis Maßstäbe für den zukünftigen Umgang mit Bewegungsaktivitäten zu gewinnen.

Ein wichtiges Ziel ist es, gemeinsam mit Älteren Wege zu finden, wie sie mit ihrem sich verändernden Körper und häufig damit einhergehenden Funktions- und Leistungseinbußen umgehen wollen. Es geht darum, mit *dem alternden Körper leben zu lernen*, seine Grenzen zu kennen und zu akzeptieren. Andererseits sollen sie erfahren, dass vielfältige, bislang vielleicht noch gänzlich unbekannte Möglichkeiten verbleiben, die zu einem subjektiv befriedigenden Sporttreiben im Alter führen können.

Viele Ältere haben oft seit langen Jahren keinen Sport betrieben. Es ist deshalb besonders wichtig, ihnen Gelingenserlebnisse zu vermitteln. Durch eine solche Bestätigung noch vorhandener Bewegungsmöglichkeiten können Ältere zur *Nutzung verbleibender Bewegungsspielräume ermutigt* werden. Derartige ermutigende Erfahrungen stellen eine wesentliche Voraussetzung dafür dar, dass Ältere sich dauerhaft Bewegungsaktivitäten zuwenden.

Ein immer größerer Teil der derzeit in die Lebensphase des Alters eintretenden Menschen wird sich nicht mehr mit den herkömmlichen Angebotsformen zufrieden geben. Es wird für die Akzeptanz von Bewegungsangeboten notwendig sein, Rahmenbedingungen zu schaffen, in denen Möglichkeiten echter Partizipation bestehen. Ziel sollte sein, Älteren zunehmend *Mitbestimmungsmöglichkeiten einzuräumen*, die ihnen die Erfahrung zugänglich machen, wie sie ihre Bewegungsaktivitäten nach eigenen Maßgaben gestalten können.

Angesichts dieser anspruchsvollen Zielsetzungen darf nicht übersehen werden, dass eine gelingende Bewältigung der Anforderungen, die die Lebensphase des Alters heute mit sich bringt, in vieler Hinsicht von Kompetenzen abhängt, die in größerer oder geringerer Ausprägung über den gesamten Lebenslauf entwickelt werden. Die Gerontologie hat zwar aufgezeigt, dass bis ins hohe Alter noch Entwicklungspotenziale vorhanden sind. Andererseits findet man im Alter große interindividuelle Differenzen. Insbesondere lebenslange soziale Benachteiligungen schlagen sich in biographischen Prägungen nieder, die der Initiierung von Bildungsprozessen bei Älteren deutliche Grenzen setzen.

Spielen im Herz- und Alterssport

Im Zentrum der Bildung wie der Bewegungsbildung im Alter steht die Entwicklung einer „adaptiven Kompetenz", also der übergreifenden Anpassungsfähigkeit, „auf die Herausforderung unvorhersagbarer Veränderungen einer wenig strukturierten Lebenswelt zu reagieren" (Featherman 1989, S. 11). Ältere benötigen eine besondere Befähigung, konstruktiv und flexibel mit den Brüchen und Übergängen umzugehen, die die Lebensphase des Alters mit sich bringt. Rosenmayr (1994, S. 168) spricht in ähnlicher Weise von einer besonderen „Diskontinuitätsfähigkeit", Veränderungen auf flexible Weise gerecht zu werden und dem äußeren Wandel durch eigene innere Wandlungsprozesse zu entsprechen.

Es stellt sich die Frage, welche Formen von Bewegungsaktivitäten dazu geeignet sind, die beschriebenen Zielperspektiven wie Bereitschaft zur Öffnung für neue Erfahrungen, Entfaltung eines Sensoriums für die Vielfalt möglicher Le-

neue Erfahrungen, Entfaltung eines Sensoriums für die Vielfalt möglicher Lebensorientierungen, personale Flexibilisierung und Anpassung an veränderliche Situationen sowie Reflexion und Revidierung gewohnter Verhaltensmuster anzuvisieren.

Bildungsprozesse können nicht direkt angeleitet werden. Aber indem Möglichkeitsräume bereitgestellt werden, können in indirekter Form soziale Interaktionen und Wahrnehmungen provoziert werden, die die Selbstentfaltung der Person vorantreiben. Im Kontext von Bewegungsaktivitäten eignen sich besonders Spiele dazu, Handlungsräume anzubieten, in denen vielfältige personale und soziale Erfahrungen gemacht werden können, welche die Entwicklung einer explorations- und veränderungsbereiten Haltung unterstützen.

Gerade im Rahmen von Spielen lassen sich Menschen bereitwillig auf andere als die gewohnten Rollen und Verhaltensweisen ein. Spiele sind durch schnell wechselnde Situationen gekennzeichnet, in denen mannigfaltige Formen des Umgangs mit dem eigenen Körper, der Welt und mit anderen erprobt und so Öffnungsprozesse in Richtung einer größeren Wahrnehmungs- und Erfahrungsoffenheit angestoßen werden können. Durch die nicht-alltäglichen Spielerfahrungen können die Spielenden eine innere Beweglichkeit gewinnen, sich auf Ungewohntes und Neues einzulassen.

In Spielen übernehmen Menschen aktive Rollen. Sie bewirken etwas und bekommen eine konkrete Rückmeldung über ihr Tun. Über die erfolgreiche individuelle oder gemeinsame Bewältigung von Spielaufgaben wird die Erfahrung gemacht, dass man derartigen Anforderungen gewachsen ist und sich ihnen zuversichtlich zuwenden kann. Das Vertrauen in die Kompetenz zur Bewältigung veränderlicher Situationen wird dadurch gestärkt. Im gelingenden Spielen erleben die Mitspielenden persönliches Können und individuelle Fähigkeiten, derer sie sich eventuell nicht mehr oder sogar noch gar nicht bewusst waren.

Über das systematische Variieren und Modifizieren von Regeln entstehen permanent wechselnde Konstellationen, welche die Einsicht vermitteln, dass soziale Regelungen veränderbar sind und sich an die Möglichkeiten und Wünsche der Teilnehmenden anpassen lassen.

Gerade wenn man Menschen mit Spielarrangements konfrontiert, die einen spannungsreichen Aufforderungscharakter enthalten, kann es gelingen, ihre Aufmerksamkeit auf bislang unbekannte Umgangsweisen und Wahrnehmungsaspekte des eigenen Körpers und der Welt zu lenken und ihnen neue Erlebensbereiche zu erschließen. Damit ist die Hoffnung verbunden, dass sie über die

Spielaktivitäten hinaus zu einer größeren personalen Offenheit und Flexibilität gelangen.

Die Praxis der Spiele

1   Hinweise zur Praxis des Spielens im Herz- und Alterssport

Zur Gliederung der Spielekapitel

Wie im vergangenen Kapitel begründet, erschöpft sich das Anliegen dieses Buches nicht in einer Sammlung von Spielen, mit deren Hilfe Übungs- oder Bewe-
gungstherapiestunden abwechslungsreicher gestaltet werden können. Die aufge-
führten Spielformen gehen über rein funktionale Zielsetzungen hinaus. Sie verfolgen das Ziel, den Teilnehmenden unterschiedliche Bewegungsräume zugänglich zu machen, in denen sie eine Vielfalt an personalen und sozialen Erfahrungen sammeln können. Dazu zählen insbesondere verschiedenartige soziale Beziehungsformen sowie Möglichkeiten zu deren Gestaltung durch den Einzelnen
und die Gruppe. Ein weiteres Ziel liegt in der Entwicklung einer differenzierten
Selbst- und Weltwahrnehmung. Im Vordergrund steht dabei die Entdeckung der
Konzentrations- und Entspannungsfähigkeit, das Erleben von Ausdrucks- und
Darstellungsmöglichkeiten sowie eine Sensibilisierung für die mit allen Sinnen
wahrnehmbaren mannigfaltigen Qualitäten der Welt.

Die Spiele folgen durchgängig der Grundidee, *durch eine Spielaufgabe bzw.*
eine Spielidee einen Erfahrungsraum zu öffnen, der durch Regeländerungen abgewandelt werden kann. Die Spiele sollten nie benutzt werden, als wären sie
bereits „fertig", sondern Leitende wie Teilnehmende sind herausgefordert, die
jeweilige Spielform ihren Bedürfnissen und Möglichkeiten anzupassen. Keinesfalls stellen die Spiele mit ihren Variationen feste, lineare Spielreihen dar, in
denen „rezeptartig" über immer komplexere Anforderungen Fähigkeiten und
Fertigkeiten geübt und trainiert werden sollen. In ihnen werden vielmehr Perspektiven für Modifikationen aufgezeigt und Anregungen dafür gegeben, welche
Möglichkeiten in einer Spielidee noch angelegt sind. Im Idealfall sollen die Mitspielenden zu einem flexiblen Umgang mit den Spielvorgaben finden und eigene
Fortentwicklungen entwerfen.

Die Spielekapitel sind nicht im Hinblick auf bestimmte Handlungsformen entworfen und geordnet. Es geht hier nicht um die Konzeption eines kontinuierlichen Spielcurriculums, sondern die einzelnen Spiele sind nach unterrichtsprag-
matischen sowie inhaltlichen Gesichtspunkten zusammengefasst. Zum einen
sind Spiele zusammengestellt, die in bestimmten *Stundenteilen* gespielt werden

können, also am Beginn oder am Ende einer Stunde, und die dort bestimmte didaktische Funktionen erfüllen. Es gibt aber auch Kapitel mit Spielen, die in einer bestimmten *Organisationsform*, wie z. B. im Kreis, gespielt werden, sowie Spiele, in denen bestimmte *Bewegungsformen* im Zentrum stehen, wie Laufen, Fangen und Werfen. Daneben finden sich Spiele, die mit *Geräten* wie Stäben, Seilen und Reifen gespielt werden. Zudem werden Spiele aufgeführt, die bestimmte *Fähigkeiten* wie Gleichgewicht, Gedächtnis und verschiedene Formen der Wahrnehmung thematisieren.

Zum Aufbau der Spielbeschreibungen

Zur besseren Lesbarkeit und aus Paritätsgründen sind die einzelnen Spiele durchgängig entweder in der weiblichen oder der männlichen Form verfasst. Selbstverständlich schließt sowohl das umfassende Femininum als auch das umfassende Maskulinum das jeweils andere Geschlecht mit ein.

Einleitung

Jeweils zu Beginn eines Kapitels werden in einer kurzen Einleitung Zielsetzungen und Begründungen für diesen speziellen Inhalt im Rahmen eines spielorientierten Herz- und Alterssports skizziert.

Spielaufgabe

Nach der Bezeichnung des Spiels wird unter dieser Rubrik die Aufgabe, die im Spiel gestellt wird, möglichst kurz und prägnant zusammengefasst. Dies soll Leserinnen und Leser auch dabei unterstützen, beim Durchblättern der Kapitel zur Vorbereitung auf Unterrichtsstunden bereits eingesetzte Spiele wieder ins Gedächtnis zurückzurufen.

Mitspieler / Mitspielerinnen

Unter dieser Rubrik wird die für das jeweilige Spiel notwendige Anzahl der Mitspielenden bzw. werden die erforderlichen Gruppen- und Mannschaftsgrößen angegeben. Der Einteilung von Gruppen sollte besondere Aufmerksamkeit geschenkt werden. Ausführliche Empfehlungen dazu finden sich im folgenden Abschnitt unter „Didaktische Hinweise zum Einsatz von Spielen".

Geräte / Materialien

Hier werden die Geräte und Materialien aufgelistet, die zur Organisation des jeweiligen Spiels erforderlich sind. Bei der Auswahl der Spiele wurde insgesamt darauf geachtet, dass eher wenige und vorwiegend solche Geräte benötigt werden, die in fast jeder Sporthalle zur Verfügung stehen oder ohne großen Aufwand selbst hergestellt bzw. mitgebracht werden können.

Spielbeschreibung

In dieser Rubrik findet sich eine möglichst anschauliche und nachvollziehbare Beschreibung des Spielablaufs. Wo immer notwendig, werden die schriftlichen Ausführungen durch Bilder und Skizzen ergänzt.

Variationen

Die Variationen zeigen Möglichkeiten auf, mit deren Hilfe die Spielidee um interessante Modifikationen erweitert werden kann. Sie sollen vor allem die Veränderbarkeit von Regeln und Verhaltensweisen erfahrbar machen.

Kommentare

Zu den einzelnen Spielen werden jeweils kurze Kommentare gegeben, die die hauptsächliche Zielsetzung des Spiels erläutern. Teilweise werden zusätzliche Hinweise zur Einführung und Durchführung des Spiels gegeben.

Angaben zur *Spielzeit* werden nicht gemacht. Diese richtet sich erfahrungsgemäß vor allem nach der Tragfähigkeit der Spannung, welche die Spielaufgabe für die Mitspielenden beinhaltet. Zudem bieten Variationen die Möglichkeit, dem Spiel neue Impulse zu geben. Man sollte Spiele auf jeden Fall ausklingen lassen oder abbrechen, wenn Konzentration und Engagement der Mitspielenden nachlassen.

Grundsätzlich sind die vorgestellten Spiele für die *Sporthalle* konzipiert. Viele können allerdings bei Bedarf auch in kleineren Gymnastikräumen oder im Freien gespielt werden.

Didaktische Hinweise zum Einsatz von Spielen

Der Erfolg bei der Einführung von Spielen hängt stark von den Fähigkeiten der Leiterin oder des Leiters ab. Diese sollten über eine Sensibilität für das in der Situation Machbare verfügen, offen für das Spielen sein, selbst Freude am Spielen haben sowie Spiele immer wieder flexibel verändern und variieren können.

• Planen von spielorientierten Bewegungsangeboten

Der Einsatz von Spielen im Rahmen von Bewegungsaktivitäten mit Älteren oder Herzpatienten kann nicht strikt vorgegeben werden. Ein gezieltes Training kann einem spielorientierten Bewegungsangebot entgegenstehen, da durch die hier notwendige enge Vorplanung der spezifische, für Veränderung und Anpassung an die Bedürfnisse der Mitspielenden offene Charakter des Spiels zerstört wird. Natürlich sollte der Ablauf einer Stunde im Vorfeld entworfen werden. Dennoch muss immer die Fähigkeit und Bereitschaft vorhanden sein, in der Situation flexibel zu reagieren. Wenn die im Spiel gestellten Anforderungen den Möglichkeiten der Gruppe nicht adäquat sind, sollte auf aktuelle Wünsche und Vorschläge eingegangen, andere Spiele ausgewählt, geplante Spiele modifiziert oder die Spielidee variiert werden. Die Leiterin oder der Leiter von Bewegungsangeboten sollte daher stets über ein ausreichendes Repertoire an bewährten Spielformen und Modifikationsmöglichkeiten verfügen. Dennoch bleibt es wichtig, einen Stundenverlauf immer wieder von neuem zumindest in groben Zügen vorauszuplanen. Ansonsten besteht die Gefahr, dass sich ein reduzierter und gleichförmiger Kanon einschleift.

• Umgangsstil

Gerade bei Bewegungsaktivitäten mit Älteren und Herzpatienten ist es wichtig, einen angemessenen Umgangsstil zu entwickeln. Oft kann man bei Leitungspersonen ein „pastoral-leutseliges Wohlwollen" oder anbiedernde Betulichkeit" bis hin zum „Pflegeverhalten" beobachten, das eine „Reinfantilisierung des älteren Menschen" (Dreisbach 1983, S. 16) unterstützt.

Die Position gerade jüngerer Leitender gegenüber Älteren kann sich als schwierig erweisen, da die Älteren zwar über größere Lebenserfahrung verfügen, sich in der konkreten Situation jedoch mit einer jüngeren „Lehrperson" konfrontiert sehen, was die üblichen Generationenbeziehungen umkehrt. Dies darf die Leitenden keinesfalls dazu verleiten, mögliche Unsicherheiten durch Befehlston, autokratischen Leitungsstil, Bevormundung oder gar abwertendes Verhalten kompensieren zu wollen. Angestrebt werden sollte vielmehr eine partnerschaftliche Beziehung zwischen Leitenden und Teilnehmenden, in der die Fachkompetenz der Leitenden erkennbar ist, ohne dass die Erfahrungskompetenz der Älteren dadurch in Frage gestellt würde.

• Vermitteln von Spielen

Der Erfolg einer Spielidee hängt in hohem Maße davon ab, ob die Leiterin oder
der Leiter diese selbst reizvoll findet und von ihr überzeugt ist. Sie sollten selbst
Freude am Spielen mitbringen und dies durch eigenes Mitspielen zum Ausdruck
bringen.

Bei der Einführung vieler Spiele ist es sinnvoll, dass die Leitenden zunächst eine
zentrale Spielrolle übernehmen und diese überzeugend ausfüllen, um eventuelle
Hemmungen abzubauen oder anfängliche Ängste zu reduzieren. Dabei besteht
die durchaus schwierige Anforderung darin, sich so in das Spielgeschehen ein-
zubringen, dass die eigene Spielfreude spürbar wird, die Gesamtsituation aber
dennoch aufmerksam im Auge behalten werden kann. Es bleibt Aufgabe der
Spielleiterin oder des Spielleiters, kaum in das Spiel einbezogene Mitspielende
wahrzunehmen und behutsam in das Spielgeschehen einzubinden, aber auch
diejenigen zu bremsen, die in der Spielbegeisterung Grenzen aus den Augen
verlieren. Nach und nach können sich die Leitenden aus der zentralen Position
zurückziehen und den Mitspielenden diese Rolle überlassen.

Verfügen die Mitspielenden über zunehmende Erfahrung mit Spielen und lassen
sich daher unbefangener auf unbekannte Situationen ein, so können offenere
Spielformen mit weiteren Regelungen eingesetzt werden, die den Mitspielenden
mehr Möglichkeiten für eigenständiges Handeln lassen. Hier kann die Leitungsperson sich mehr zurücknehmen, sollte jedoch im Voraus genau bedenken, in
welche Situationen die Mitglieder einer Gruppe in den Spielen gebracht werden
und ob sie voraussichtlich in der Lage sind, die darin gestellten Anforderungen
zu bewältigen. Bei spielerfahrenen Gruppen sollte eher abwartend und beobach-
tend agiert werden. Lediglich bei Bedarf sollten neue Impulse gegeben und Variationen eingebracht werden. Die Aufgabe eines Spielleiters oder einer Spielleiterin besteht in dieser Phase im Wesentlichen darin, *„Aufgaben zu stellen*, die
Gruppe während des *Lösens der Aufgabe zu beobachten* und mit *neuen Aufgabenstellungen zu reagieren"* (Fischer 1988, S. 12).

• Einbeziehen der Mitspielenden

Die Leitenden sollten für Anregungen der Mitspielenden offen sein und diese
darin bestärken, eigene Ideen und Spielvarianten zu entwickeln. Während der
Spiele sollte den Teilnehmenden die Möglichkeit eröffnet werden, die Situation
mitzugestalten und die Spielidee nach ihren eigenen Wünschen und Fähigkeiten
zu modifizieren. Der Spannungsgehalt von Spielen hängt wesentlich davon ab,
ob die gestellten Anforderungen den Möglichkeiten der Mitspielenden entspre-

chen, also nicht zu einfach, aber auch nicht zu schwierig sind. Das Erleben eines aktiven Mitgestaltens schafft bei den Teilnehmenden ein Bewusstsein dafür, wie durch einfache Veränderungen Situationen eigenen Bedürfnissen angepasst werden können. Da viele Angehörige der derzeitigen Generation Älterer im Laufe ihres Lebens oft kaum Gelegenheit hatten, eigene Bedürfnisse wahrzunehmen, sie zu artikulieren und geltend zu machen, kann das Einbeziehen der Teilnehmenden einen langwierigen Prozess darstellen. Sinnvoll ist ein schrittweises Eröffnen von Mitwirkungsmöglichkeiten, das je nach Gruppe unterschiedlich verlaufen kann.

* Spielatmosphäre

Eine angenehme, angstfreie und spielfreudige Atmosphäre entsteht unter anderem dadurch, dass solche Spiele ausgewählt werden, die von den Teilnehmenden ohne große Probleme bewältigt werden können und in denen Einzelne vor der Gruppe nicht bloßgestellt werden. Darüber hinaus sollte die Spielleiterin oder der Spielleiter immer wieder den spielerischen und damit experimentellen Charakter der Situation betonen, in der Handlungsweisen und Fertigkeiten ohne Gefahr erprobt werden können. Wichtig ist, dass Teilnehmende niemals gezwungen oder gedrängt werden, bei einem Spiel mitzuspielen, wenn sie dabei Unbehagen verspüren. Jeder Teilnehmerin und jedem Teilnehmer muss das Recht eingeräumt werden, sich zeitweilig zurückzuziehen. Diese Möglichkeit sollte immer wieder deutlich gemacht werden.

* Spielspannung

Gerade bei Spielformen besteht die Gefahr, dass die Teilnehmenden so in der Spielsituation aufgehen, dass sie sich selbst und ihre Mitspielenden nicht mehr mit der notwendigen Aufmerksamkeit wahrnehmen. Besonders wichtig ist es, das Aufkommen aggressiven Konkurrenzverhaltens zu vermeiden, wie es gerade durch Wettkampfspiele mit direktem Körperkontakt provoziert werden kann. Wegen der damit verbundenen hohen Verletzungsgefahr sollten wettkampforientierte Spiele in Herz- und Alterssportgruppen deshalb immer mit Bedacht und vorwiegend in modifizierter Form eingesetzt werden. Allerdings sollten wettkampforientierte Spiele auch nicht ganz aus dem Repertoire verbannt werden, da in ihnen wichtige soziale Erfahrungen wie beispielsweise Abstimmung und Zusammenspiel innerhalb der Gruppe gemacht werden können.

Wesentlich ist es, über Spiele auch andere als konkurrenzorientierte Erfahrungen zugänglich zu machen. Dazu zählen beispielsweise Erfolgserlebnisse beim gemeinschaftlichen Lösen einer Spielaufgabe, Gelingenserfahrungen bei koordinativ anspruchsvollen Aufgabenstellungen oder entspannende und wohltuende Empfindungen. Vor allem sollten die Mitspielenden die Erfahrung machen, dass sie sich im besten Sinn des Wortes „spielerisch" einer Sache zuwenden können, ohne die Angst, von außen gestellten Anforderungen nicht zu genügen.

Zielsetzung sollte sein, Freude im Bewältigen einer Aufgabe zu finden, ohne darauf angewiesen zu sein, etwas besser zu können als andere. Die Spiele sollten daher nicht dazu dienen, immer wieder die eigene Position in der Auseinandersetzung mit anderen sichern und stärken zu wollen. Sie sollten vielmehr als Herausforderung erlebt werden, sich auf neue und unerwartete Situationen einzulassen, diese zu erproben, sich neuen sinnlichen Eindrücken zuzuwenden und wechselnde soziale Beziehungen durchzuspielen. Hierzu können sicherlich keine Rezepte geliefert werden. Die Spielleiterin oder der Spielleiter muss vor allem mit Einfühlungsvermögen versuchen, Spielsituationen zu vermeiden, die von den Mitspielenden als Überforderung empfunden werden, jedoch ein Anforderungsniveau und Themen zu finden, mit deren Hilfe Raum für bereichernde Erfahrungen geschaffen wird.

• Einteilungen vornehmen

Bei freier Wahl von Partnerinnen und Partnern oder Gruppen finden häufig stets dieselben Mitspielenden zusammen. Die Gruppierungen sollten sich jedoch häufig ändern, da erst wechselnde Konstellationen Gelegenheiten bieten, sich auf andere Menschen einzustellen.

Unter dem Aspekt der aktiven Einbeziehung der Mitspielenden in die Stundengestaltung sollten Spielleiterin und Spielleiter diese dazu ermuntern, sich in eigener Regie zu Gruppen zusammenzufinden. Um selbstständige und abwechslungsreiche Gruppenbildungen zu unterstützen, können zunächst verschiedene Möglichkeiten der Einteilung von Gruppen oder der Paarbildung gemeinsam durchgespielt werden. Nach einiger Zeit sollten diese dann von den Mitspielenden selbst organisiert werden. Dazu bieten sich beispielsweise folgende Formen an:

– Alle stellen sich auf eine Kreislinie, halten eine Hand mit nach oben gerichtetem Daumen nach vorne. Eine Mitspielerin oder ein Mitspieler stellt sich in den Kreis und dreht mit geschlossenen Augen bei der Hälfte der Hände den Daumen nach unten. Die Mitspielenden mit nach oben gerichteten und diejenigen mit nach unten gerichteten Daumen bilden jeweils eine Mannschaft.

– Alle stellen sich in einer Reihe nach einem vorher vereinbarten Sortierkriterium auf, beispielsweise der Anfangsbuchstabe des Vornamens, die Geburtstagsfolge im Jahr oder Ähnliches. Die erste Hälfte der Reihe wird zur einen, die zweite Hälfte zur anderen Mannschaft.

– Genauso viele jeweils doppelt vorhandene Gegenstände (Spielkarten, Farbkärtchen, unterschiedliche Bälle) wie Mitspielende werden in der Halle ausgelegt. Alle gehen durcheinander und werden aufgefordert, sich einen Gegenstand zu nehmen. Die Mitspielenden, die identische Gegenstände gewählt haben, bilden Paare.

– Alle Mitspielenden stellen sich in einen Kreis und zählen durch, so dass allen eine Zahl zugeteilt ist. Zur Paarbildung ruft der Spielleiter oder die Spielleiterin immer zwei Zahlen gemeinsam auf.

– Alle gehen langsam und mit geschlossenen Augen rückwärts durch den Raum. Der erste, an dessen Po man stößt, wird zur Spielpartnerin oder zum Spielpartner.

– Auf Kommando stellen sich alle auf ein Bein. Diejenigen, die auf dem rechten Bein stehen und diejenigen, die auf dem linken Bein stehen, bilden eine Mannschaft. Ist die Anzahl extrem ungleich, wird die Einteilung wiederholt.

– Die eine Hälfte der Mitspielenden legt einen Gegenstand (einen Ball, eine Jacke, einen Schlüsselbund oder Ähnliches) auf den Boden. Die anderen nehmen spontan irgendeinen Gegenstand auf. Der Mitspielende, dem der Gegenstand gehörte, wird zur Spielpartnerin oder zum Spielpartner.

– Die Spielleiterin oder der Spielleiter verteilt Hälften von verschiedenen auseinander geschnittenen Bildern oder Memorykarten. Die Mitspielenden, deren Teile oder Karten zusammengehören, bilden gemeinsam ein Paar.

– Es werden Karten an die Mitspielenden verteilt. Die Spielkarten einer Farbe bilden eine Mannschaft.

2   Ankommen und in Bewegung kommen

Jede Unterrichtsstunde sollte für die Teilnehmenden durch einen eindeutigen Beginn und ein klares Ende gekennzeichnet und damit von den anderen Aktivitäten des Tages abgegrenzt sein. Das Anziehen von Sportbekleidung weist schon äußerlich darauf hin, dass man sich in einen anderen sozialen Rahmen begibt, in dem zahlreiche, oft vom Alltäglichen abweichende Erfahrungen gemacht werden können. Die Teilnehmerinnen und Teilnehmer lassen hier in mancher Hinsicht ihren Alltag und die dort geltenden Vorgaben außen vor und orientieren sich gleichzeitig an andersartigen Handlungs- und Bewegungsformen.

Die damit einhergehende Chance einer Öffnung für andersartige Erfahrungen sollte durch den Leiter oder die Leiterin verstärkt werden, indem er oder sie zu Beginn alle versammelt und einen kurzen Überblick über die geplante Übungs- bzw. Spielstunde gibt. Zudem sollte zu Beginn der Stunde dieser Übergang körperlich erfahrbar gemacht werden. Die folgenden Spiele eignen sich besonders dazu, das „Ankommen" der Teilnehmenden in der veränderten Situation zu unterstützen und eine lockere und vertraute Atmosphäre zu schaffen. Zentrales Anliegen ist es, die gesamte Gruppe in zwanglosen und spielerischen Kontakt miteinander zu bringen.

Dazu wird in einem Teil der Spiele den Teilnehmenden die Aufgabe gestellt, ihre Bewegungen aufeinander abzustimmen oder zu synchronisieren, woraus sich ein Gefühl der Gemeinsamkeit entwickeln kann. In anderen Spielen werden über besondere Regeln und Darstellungsaufgaben Spielrahmen geschaffen, die wechselnde Begegnungen der Mitspielenden provozieren, zu unterschiedlichen Interaktionsformen führen und eine aufmerksame gegenseitige Beobachtung erfordern.

Natürlich spielt zum Stundenbeginn neben der geistigen auch die körperliche Einstimmung eine Rolle. Die Spiele beinhalten eine moderate Kreislaufaktivierung, die auf nachfolgende stärkere Beanspruchungen vorbereitet.

Rhythmischer Start

Spielaufgabe

Begrüßung mit rhythmischer Bewegungsverbindung im Gruppenrhythmus

Mitspieler

Die gesamte Gruppe

Geräte / Materialien

Keine

Spielbeschreibung

Alle Mitspieler stehen auf einer Kreislinie. Der Spielleiter gibt eine rhythmische Bewegungsfolge in vier Zählzeiten vor:
- Stampfen mit dem rechten Bein
- Stampfen mit dem linken Bein
- Schlagen mit den Händen auf die Knie
- Händeklatschen in Brusthöhe

Begleitet wird die Bewegungsfolge durch folgende Bewegungsanweisung:

Stampf – Stampf – Knie – Klatsch

Wenn die Gruppe diese Bewegungsfolge beherrscht, wird als „Refrain" eine der folgenden passenden Begrüßungssprüche mit ebenfalls vier Zählzeiten angehängt:

Gu – ten – Mor – gen

oder

Gu – ten – Tag – (Pause)

oder

Gu – ten – A – bend

Danach werden Bewegungsfolge und Begrüßungsspruch fortlaufend wiederholt.

Die gesamte rhythmische Begrüßungsabfolge wird
von der ganzen Gruppe zunächst gemeinsam auf der
Kreislinie im Stehen durchgeführt.

Wenn der Rhythmus gut sitzt, gibt der Spielleiter die
Anweisung zum „Aufbruch": Die Gruppe bewegt
sich aufeinander zu, indem die Stampfschritte in der
Fortbewegung durchgeführt werden. Bei den Schlä-
gen auf die Knie und dem Klatschen in die Hände
bleibt jeder stehen. Beim *Guten Morgen (Guten Tag,
Guten Abend)* versucht jeder, die Hand eines Mitspielers zu schütteln. Steht kein Mitspieler in
Reichweite, darf stattdessen gewinkt werden.

Abschließend bewegen sich die Mitspieler wieder
auf die Kreislinie zurück und winken bei jedem *Guten Morgen (Guten Tag, Guten Abend)* mit beiden
Händen über dem Kopf.

Variationen

- Die Bewegungsformen der ersten vier Zählzeiten können beliebig variiert oder um weitere vier Zählzeiten erweitert werden, z. B:
  Händeklatschen hinter dem Rücken
  Händeklatschen vor der Brust
  Tippen mit rechter Hand überkreuz auf linke Schulter
  Tippen mit linker Hand überkreuz auf rechte Schulter
  Rück – Vor – Kreuz – Kreuz
- Der Begrüßungsspruch kann durch einen anderen Spruch ersetzt werden, z. B.
  „Und – wie – geht's? – (Pause)"
  „Jetzt – geht's – lo – os!"

Rhythmischer Schluss

- Dieses Spiel eignet sich ebenso zum Stundenabschluss, wenn statt des *Guten Morgen (Guten Tag, Guten Abend)* ein
  „Tschüss – macht's – gut - (Pause) "
  oder
  „Kommt – gut – heim (Pause) "
  oder
  „Bis – dem – nä – hächst "
  intoniert wird.

Kommentar

Durch die gemeinsame Synchronisierung von Bewegung und Sprechrhythmus ist diese Spielform gut dazu geeignet, die Mitspielenden *zu Beginn einer Stunde aufeinander einzustimmen oder zum Ende der Stunde einen gemeinsamen Abschluss zu finden.* Durch Variation sowie Erweiterung der Bewegungsfolge kann der Schwierigkeitsgrad problemlos gesteigert und an die Fähigkeiten der Gruppe angepasst werden.

Partnersuche

Spielaufgabe

Zusammenfinden durch pantomimische Darstellung

Mitspieler

Die gesamte Gruppe

Geräte / Materialien

Vorbereitete Zettel

Spielbeschreibung

Der Spielleiter bereitet Zettel vor. Auf je zwei von ihnen ist eine Tätigkeit notiert, die nur zu zweit ausgeführt werden kann, wie Tischtennis spielen, Tennis spielen, Tau ziehen, einen Baumstamm durchsägen, einen Ball hin und her werfen, sich einen Ball mit dem Fuß zuspielen, eine lange Leiter tragen, auf einer Wippe schaukeln.

Die Zettel werden an die Mitspielenden verteilt. Jeder darf nur seinen eigenen Zettel lesen und versucht nun mit Hilfe pantomimischer Darstellung, den zu ihm passenden Partner zu finden. Haben sich alle Paare gefunden, wird die Tätigkeit noch eine Zeitlang gemeinsam durchgeführt.

Kommentar

In diesem Spiel muss *eine vorgegebene Bewegung möglichst anschaulich dargestellt und die Mitspielenden müssen gleichzeitig genau beobachtet werden.*

Augen-Blicke

Spielaufgabe

Über Blickkontakte kurzzeitige Begegnungen herstellen

Mitspielerinnen

Die gesamte Gruppe

Geräte / Materialien

Keine

Spielbeschreibung

Alle Mitspielerinnen bewegen sich frei durch den Raum, nehmen Blickkontakt zu irgendeiner anderen Mitspielerin auf, gehen direkt auf sie zu und weichen erst kurz, bevor sie zusammenstoßen, aus. Damit klar ist, nach welcher Seite ausgewichen wird, sagt die Spielleiterin die Ausweichrichtung an, also immer entweder „alle rechts vorbei" oder „alle links vorbei".

Variationen

- Die Begegnung kann auch mit einer Täuschung kombiniert werden, d.h. es wird abgesprochen, dass beide Mitspielerinnen so tun, als ob sie rechts vorbeigehen wollen. Im letzten Moment bewegen sie sich aber links aneinander vorbei.
- Zwei Mitspielerinnen gehen direkt aufeinander zu. Im letzten Moment machen beide eine ganze Drehung rückwärts um die eigene Achse und gehen vorwärts weiter.
- Beim Durcheinandergehen wird Blickkontakt zu einer Mitspielerin aufgenommen. Beide gehen aufeinander zu, aneinander vorbei und weiter. Dabei halten sie den Blickkontakt „wie voneinander fasziniert" so lange wie möglich aufrecht.
- Sobald zwei Mitspielerinnen beim Durcheinandergehen Blickkontakt miteinander bekommen, drehen sie „wie erschrocken" abrupt zur Seite ab und ändern ihre Gehrichtung.

Kommentar

Oft stehen am Beginn von Bewegungsstunden ausschließlich Dehn- und Lockerungsübungen, die zwar den Körper vorbereiten, die geistige Aufmerksamkeit aber kaum beanspruchen. Bei „Augen-Blicke" entsteht eine *hohe Interaktionsdichte mit exakt abgestimmten Bewegungen*. Alle müssen mit hoher Aufmerksamkeit die variierenden Regeln befolgen, um Karambolagen zu vermeiden. Im Laufe der Zeit entwickelt sich ein wachsendes Vertrauen auf die präzisen Bewegungen der Mitspielerinnen. Die Spannung der dichten Begegnung kann so immer weiter getrieben werden.

Gleich-Schritt

Spielaufgabe

Bewegungen aufeinander abstimmen

Mitspielerinnen

Die gesamte Gruppe

Geräte / Materialien

Keine

Spielbeschreibung

Alle Mitspielerinnen gehen kreuz und quer durch den Raum. Auf Ansage der Spielleiterin sollen sie gemeinsam ein einheitliches Schritttempo finden und in einen Gleichschritt kommen. Das Tempo kann auch zwischendurch beschleunigt und wieder verlangsamt werden, d.h., wenn eine beginnt langsamer zu gehen, sollen alle anderen ihrer Geschwindigkeit folgen. Wenn ein gemeinsamer Rhythmus gefunden worden ist, treten alle kräftiger mit den Füßen auf. Danach wird der gemeinsame Schritt wieder aufgelöst und das Spiel beginnt von vorn.

Variationen

- Alle Mitspielerinnen finden aus dem freien Gehen zu einem einheitlichen Tempo und Schritt zusammen und gehen dann hintereinander auf einer Kreislinie. Der Geh-Kreis wird gemeinsam ganz eng und ganz weit gemacht, bevor die Form sich wieder auflöst und jede sich frei im eigenen Gehtempo im Raum bewegt. Danach versuchen die Mitspielerinnen, sich wieder in derselben Reihenfolge und im übereinstimmenden Tempo in einem Geh-Kreis zusammenzufinden.
- Eine Mitspielerin wird zur „Störerin" bestimmt. Sie behält ihr Schritttempo immer bei und versucht dadurch, die anderen Mitspielerinnen dabei zu stören, ein einheitliches Tempo aufzunehmen.
- Auf Ansage der Spielleiterin finden sich Paare zusammen, die ein einheitliches Tempo und einen Gleichschritt aufnehmen. Beim Händeklatschen der Spielleiterin trennen sie sich wieder und suchen jeweils eine andere Partnerin, deren Schritt aufgenommen wird.

Kommentar

Hier ist eine *hohe Aufmerksamkeit aller für die Bewegungen der Mitspielerinnen* erforderlich. Das Spannende an diesem Spiel ist die Erfahrung, dass auch ohne sprachliche Kommunikation oder eine Vorgabe von außen ein gemeinsamer Rhythmus entwickelt werden kann.

Geldwechsel

Spielaufgabe

Geldstücke in der Gruppe weitergeben

Mitspieler

Die gesamte Gruppe, aufgeteilt in zwei Gruppen

Geräte / Materialien

Mehrere Geldstücke oder Bierdeckel

Spielbeschreibung

Die gesamte Gruppe teilt sich in zwei etwa gleich starke Gruppen auf und geht durcheinander durch den Raum. Die Mitspieler der einen Gruppe balancieren jeweils ein Geldstück auf einer Fingerspitze. Begegnet ein Mitspieler mit Geldstück einem ohne Geldstück, dann übergibt er sein Geldstück von seiner Fingerspitze auf die Fingerspitze des anderen.

Variationen

- Ein bestimmter Finger wird zum Balancieren vorgegeben.
- Die Mitspieler balancieren auf einem Finger jeder Hand jeweils ein Geldstück.
- Es werden mehrere Geldstücke auf einem Finger gestapelt oder Geldstücke auf mehreren Fingerspitzen balanciert.
- Diese Spielform kann auch mit Bierdeckeln oder anderen Gegenständen, die man auf der Hand balanciert, durchgeführt werden.

Kommentar

Dieses Spiel erfordert eine hohe feinmotorische Koordination, gute Balancierfähigkeit und eine *exakte Abstimmung der Bewegungen* beim Austausch eines Geldstückes. Es ist deshalb sinnvoll, zuerst die einfachere Version mit Bierdeckeln einzuführen.

Balltausch

Spielaufgabe

Austausch von Bällen nach vorheriger Ansage

Mitspieler

Die gesamte Gruppe

Geräte / Materialien

Ein Ball je Mitspieler

Spielbeschreibung

Alle Mitspieler bewegen sich frei durch den Raum und prellen dabei ihren Ball. Nach Ansage des Spielleiters nehmen je zwei Personen Kontakt miteinander auf und tauschen ihren Ball prellend aus.

Variationen

- Das Zuprellen erfolgt auf ein Signal hin, z. B. „Hepp". Aufgabe ist es dabei, die Bälle so gleichzeitig zu spielen, dass nur ein Prellgeräusch zu hören ist.
- Dreier- oder Vierergruppen finden sich in Dreiecks- oder Viereckaufstellung zusammen und prellen sich den Ball nach Vorgabe zu: z. B. nach rechts, diagonal, nach links.
- Für den Balltausch werden andere Formen vorgegeben, z. B. werfen, rollen, einer wirft - einer rollt, mit dem Fuß zuschieben, vor der Übergabe um den Körper herum geben.

Kommentar

Der Balltausch nach verschiedenen Vorgaben erfordert ein *wechselndes Einstellen auf Mitspieler, Bewegungsformen und Bewegungsverhalten des Balles.* Um sich die Bälle gegenseitig zuzupassen, müssen die Mitspielenden sich abstimmen, damit ihre Bälle beim Balltausch nicht zusammenprallen.

Es kann thematisiert werden, welche Formen der Abstimmung mit den Mitspielenden (Ansprache, Gesten, Blickkontakt) möglich sind.

Beim Rollen des Balles auf rücken- bzw. kreislaufgerechtes Bücken hinweisen!

Begrüßungsmemory

Spielaufgabe

Begrüßen der Mitspielerinnen nach bestimmten Vorgaben

Mitspielerinnen

Die gesamte Gruppe

Geräte / Materialien

Keine

Spielbeschreibung

Die Spielleiterin gibt verschiedene Grußformen vor, die mit einer bestimmten Anzahl von Handklatschern verbunden werden. So bedeutet beispielsweise einmal in die Hände klatschen, dass man sich die rechte Hand gibt. Bei zweimaligem Klatschen werden die linken Hände geschüttelt. Dreimaliges Klatschen bedeutet, dass beide ihre Handflächen gegenseitig aufeinander schlagen usw.

Nun bewegen sich alle frei durch den Raum, suchen Augenkontakt mit einer Mitspielerin und bewegen sich aufeinander zu. Wenn beide voreinander stehen, klatscht jede ein-, zwei- oder dreimal in die Hände. Stimmt die Anzahl ihrer Klatscher überein, so begrüßen sie sich mit der damit verbundenen Grußform. Haben sie unterschiedlich oft geklatscht, suchen sie sich eine neue Begrüßungspartnerin.

Variationen

- Statt des Klatschens werden Gesten, z. B. Kopfschütteln, Kopfnicken, Hüftwackeln, Schulterzucken, vereinbart, die mit bestimmten Begrüßungsformen verbunden sind.
- Klatscher und Gesten werden kombiniert eingesetzt, um bestimmte Begrüßungsformen anzukündigen.

Kommentar

Diese Spielform erfordert zum einen *Konzentration und Merkfähigkeit*, zum anderen ist sie durch *hohe Interaktionsdichte* gekennzeichnet, die ein ständiges neues Einstellen auf die Mitspielenden verlangt.

Der Schwierigkeitsgrad des Spiels kann variiert werden, indem unterschiedliche Begrüßungsformen angegeben werden, die mit verschiedenen Arten der Darstellung von Begrüßungen verknüpft sind.

Ballast abwerfen

Spielaufgabe

Gelegenheit geben zu lautem Schimpfen und Fluchen

Mitspieler

Die gesamte Gruppe

Geräte / Materialien

Keine

Spielbeschreibung

Alle gehen in gebeugter, „bedrückter" Körperhaltung durch den Raum, als würden Sorgen ihnen auf den Schultern lasten. Nach kurzer Zeit fordert der Spielleiter dazu auf, diese imaginäre Last bewusst abzuschütteln, sich aufzurichten, in aufrechter Körperhaltung den Mitspielern zu begegnen, sie offen und freundlich anzulächeln oder freudig zu begrüßen.

Variationen

Ärgerventil

• Alle Mitspieler bewegen sich frei durch den Raum. Auf ein Zeichen des Spielleiters hin dürfen alle so laut sie wollen vor sich hin schimpfen und fluchend oder brummelnd alles loswerden, was ihnen am Tag oder in der Woche an Ärgerlichem begegnet ist.

Nach einer gewissen Zeit fordert der Spielleiter dazu auf, sich gegenseitig aufmunternd auf die Schulter zu klopfen und mit kleinen Bemerkungen wie „Nimm's nicht so tragisch!" „Alles nur halb so wild!" „Was soll's!" „Nur Mut!" „Kopf hoch!" „Nicht unterkriegen lassen!" eine freundliche und entspannte Atmosphäre zu schaffen.

Kommentar

Dieses Spiel eignet sich besonders, um zu Beginn der Stunde *Distanz zum Alltag zu schaffen und auf die kommende Spielstunde einzustimmen*, indem dem Abbau eventueller Ärgernisse Raum gegeben wird.

Innerhalb des lauten Geschimpfes wagen meist auch ansonsten stillere Mitspieler, ihrem eventuellen Unmut laut Luft zu machen. Erfahrungsgemäß mündet die Situation in befreiendes Gelächter.

Handwechsel

Spielaufgabe

Begrüßen der Mitspielenden abwechselnd mit rechter und linker Hand

Mitspielerinnen

Die gesamte Gruppe, aufgeteilt in zwei Gruppen

Geräte / Materialien

Keine
Für die Variation ein kleiner Ball oder Tennisball je Mitspielerin

Spielbeschreibung

Die Gruppe teilt sich in zwei gleich große Gruppen auf. Die erste Gruppe bekommt die Anweisung, zunächst mit der rechten Hand zu begrüßen, die zweite Gruppe beginnt mit der linken Hand. Aufgabe ist es nun, dass sich nur gleiche Hände begrüßen dürfen, also rechte Hand greift in rechte Hand, linke Hand grüßt linke Hand. Nun bewegen sich alle frei durch den Raum und strecken dabei ihre Grußhand nach vorne. Sie suchen eine Mitspielerin mit passender Grußhand, die sie mit Handschlag begrüßen. Danach wechseln sie ihre Grußhand, strecken diese nach vorne und suchen die nächste Partnerin.

Variationen

- Alle Mitspielenden erhalten einen kleinen Ball oder Tennisball. Die Gruppe wird aufgeteilt. Eine Hälfte trägt ihren Ball in der rechten Hand, die andere Hälfte nutzt die linke Hand zum Balltransport. Nun bewegen sich alle durch die Halle und suchen eine Mitspielerin, mit der sie den Ball tauschen können, indem sie den Ball in die leere Hand übergeben. Dabei dürfen sich die Arme nicht überkreuzen.

Kommentar

Dieses auf den ersten Blick sehr einfach erscheinende Spiel *erfordert eine konzentrierte Selbst- sowie Außenwahrnehmung.* Zugleich *werden automatisierte Bewegungsmuster* (Handschlag rechts) *bewusst durchbrochen* und um zunächst ungewohnte Bewegungsformen (Handschlag links) erweitert. Damit wird eine bewusstere Wahrnehmung von eingespielten Bewegungen initiiert, die normalerweise nicht in den Horizont der Aufmerksamkeit gelangen.

Gleich und Gleich gesellt sich gern

Spielaufgabe

Zusammenfinden nach verschiedenen Merkmalen

Mitspielerinnen

Die gesamte Gruppe

Geräte / Materialien

Keine

Spielbeschreibung

Alle Mitspielerinnen bewegen sich frei durch den Raum. Nach Ansage der Spielleiterin finden sich Paare oder Gruppen nach verschiedenen Merkmalen zusammen, wie gleiche Hosen- oder T-Shirt- bzw. Jackenfarbe, gleiche Augenfarbe, gleiche Haarfarbe, gleiche Schuhmarke, gleiche Anfangsbuchstaben des Vor- oder Nachnamens, gleiches Lieblingsgericht oder Lieblingsgetränk.

Kommentar

Diese Spielform bedingt häufig wechselnde Gruppenkonstellationen und eignet sich gut zum *besseren gegenseitigen Kennenlernen*. Durch die Vorgabe verschiedener Vorlieben, die nur durch wechselseitige Nachfragen zu erfahren sind, kommt schnell eine *zwanglose Kommunikation* in Gang.

3   Spiele im Kreis

Spiele im Kreis gehören zu den einfachen Formen des Spiels, in denen durch identische Bewegungen entweder synchron oder nacheinander nach bestimmten Regeln alle Mitspielenden in eine gemeinsame und gleichberechtigte Handlung eingebunden werden.

Besonders im Herz- und Alterssport stellt die Kreisaufstellung eine Organisationsform dar, die der Leiterin oder dem Leiter sowie den Teilnehmenden die Möglichkeit gibt, alle Mitspielenden und somit die gesamte Spielhandlung im Auge zu behalten. In der Kreisform können Belastungen zudem gut dosiert werden und es sind vielfältige Spielvariationen möglich, ohne dass die Grundaufstellung geändert werden müsste. Vor allem bei Gruppen, die erst relativ kurze Zeit zusammen sind und die die Organisationsformen im Bewegungsunterricht noch wenig kennen, bieten sich Aufstellungen an, die längere Zeit ohne Wechsel beibehalten werden können.

Trotzdem können im Kreis sehr unterschiedliche und abwechslungsreiche Kommunikations-, Reaktions-, Geschicklichkeits- und Darstellungsspiele gespielt werden, von denen im Folgenden eine Auswahl vorgestellt wird.

Rasende Klatschkette

Spielaufgabe

Auf Signale reagieren

Mitspieler

Die gesamte Gruppe

Geräte / Materialien

Keine

Spielbeschreibung

Alle Mitspieler stehen auf einer Kreislinie. Der Spielleiter klatscht auf der rechten oder linken Körperseite in die Hände. Der nächste-Mitspieler auf der vorgegebenen Seite gibt den Händeklatscher in die gleiche Richtung weiter.

Richtungsänderungen können von jedem durch zweimaliges Händeklatschen eingeleitet werden. Die Klatschsignale sollen mit der Zeit immer schneller im Kreis herum laufen.

Kommentar

Dieses Spiel erfordert eine ständige Aufmerksamkeit für die Aktionen der Mitspieler. Der besondere Reiz liegt im *Herantasten an die maximale Geschwindigkeit,* die von der Gruppe erreicht und durchgehalten werden kann, sowie in den schnellen Richtungswechseln, mit denen die Mitspieler aus dem Rhythmus gebracht werden können.

Bewegungsleitung

Spielaufgabe

Weitergeben von Bewegungen durch den Kreis

Mitspielerinnen

Die gesamte Gruppe

Geräte / Materialien

Keine

Spielbeschreibung

Alle Mitspielerinnen stehen auf einer Kreislinie. Die Spielleiterin gibt eine Bewegung, z. B. Kopfnicken, Schulterzucken, auf der Stelle trippeln, Fuß auftippen, an die rechte Mitspielerin weiter, die es wiederum an ihre rechte Nachbarin weitergibt. Nach und nach werden immer mehr Bewegungen in immer schnellerer Folge im Kreis weitergegeben.

Variationen

- Ein Geräusch, z. B. „Boing", „Peng", Blubb", „Zisch", „Klapper", wird weitergegeben.
- Eine Bewegung wird nach rechts, ein Geräusch nach links durch den Kreis weitergegeben.
- Bewegungen oder Geräusche werden nach rechts oder links weitergegeben.

Kommentar

Die Aufgabe, verschiedene Bewegungen oder Geräusche möglichst ohne Unterbrechung weiterzugeben, verlangt von den Mitspielenden eine *permanente aufmerksame Beobachtung ihrer Spielnachbarinnen*. Durch die Komik, die mit vielen Bewegungen und Geräuschen verbunden ist, kommt es häufig zu allgemeinem Gelächter.

Satzbaustelle

Spielaufgabe

Einen Satz reaktionsschnell fortsetzen

Mitspielerinnen

Die gesamte Gruppe

Geräte / Materialien

Ein Ball

Spielbeschreibung

Alle Mitspielerinnen stehen oder sitzen auf einer Kreislinie. Die Spielleiterin hat den Ball und sagt ein Wort, das den Beginn eines Satzes bildet. Die Mitspielerin rechts von ihr bekommt den Ball und setzt den Satz mit einem weiteren Wort sinnvoll fort. Mit der Ballweitergabe wird der Satz durch die folgenden Mitspielerinnen solange erweitert, bis sich keine Möglichkeit mehr findet, den Satz so zu verlängern, dass sich ein Sinn ergibt. Die Mitspielerin, bei der der Satz endet, beginnt einen neuen Satz.

Variationen

• Eine der Mitspielerinnen im Kreis erhält einen Ball. Sie beginnt mit einem Wort einen Satz. Dann wirft sie den Ball einer beliebigen Mitspielerin zu, die den Satzteil mit einem weiteren Wort ergänzen soll, bis eine Mitspielerin den Satz nicht mehr sinnvoll fortsetzen kann.

Kommentar

Die kontinuierliche Fortsetzung eines Satzes allein erfordert bereits eine große *sprachliche Kreativität*. Durch die plötzlichen und unerwarteten Wechsel in der Variation der Spielform wird diese Aufgabe zusätzlich erschwert.

Balltakt

Spielaufgabe

Bälle rhythmisch weiterspielen

Mitspielerinnen

Die gesamte Gruppe

Geräte / Materialien

Ein Ball je Mitspielerin

Spielbeschreibung

Alle Mitspielerinnen stehen auf einer Kreislinie. Jede erhält einen Ball. Auf ein Signal hin werden die Bälle in dieselbe, vorher ausgemachte Richtung zur nächsten Mitspielerin weitergegeben. Erst wenn dies flüssig funktioniert, werden die Bälle weitergeworfen. Dabei soll möglichst kein Ball zu Boden fallen. Nach und nach sollen die Bälle ohne Pause im gleichen Rhythmus weitergespielt werden.

Variationen

- Die Bälle werden zur übernächsten, drittnächsten oder viertnächsten Mitspielerin geworfen.
- Andere Wurfarten wie Bodenpass, Überkopfpass usw. werden vorgegeben.
- Rhythmische Bewegungsfolgen werden von der Spielleiterin angesagt: Prell-Wurf; Prell-Wurf; usw. oder: Prell-Prell-Weiter-Pause; Prell-Prell-Weiter-Pause; usw.

Kommentar

Dieses Spiel fördert insbesondere die *Kooperationsfähigkeit*. Es kann nur gelingen, wenn alle sich aufeinander einstellen, ihre Bewegungen an einen gemeinsamen Rhythmus anpassen, die Weitergabe des Balles exakt synchronisieren und ihn präzise zuspielen. Wichtig ist, die *Aufmerksamkeit auf das genaue Abspiel* zu richten, um der nächsten Mitspielerin das Fangen zu erleichtern.

Zahlenklatschreihe

Spielaufgabe

Auf Ansagen schnell reagieren

Mitspieler

Die gesamte Gruppe

Geräte / Materialien

Keine

Spielbeschreibung

Alle Mitspieler stehen auf einer Kreislinie und zäh-len durch, so dass jedem eine bestimmte Zahl zuge-ordnet ist. Nun nehmen alle denselben Klatsch-rhythmus auf, dabei klatschen sie zweimal auf ihre Schenkel und zweimal in die Hände. Der Mitspieler mit der Nummer eins ruft in der zweiten Klatsch-folge beim zweiten Händeklatschen eine beliebige Zahl. Der Mitspieler mit der genannten Zahl ruft nach wieder zwei Klatschfolgen eine weitere Zahl usw.

Wenn ein Mitspieler nicht reagiert und dadurch die Reihe unterbrochen wird, startet er erneut den Klatschrhythmus und die Zahlrenreihe.

Variationen

• Als Erleichterung kann zunächst mit dem Zuruf von Namen statt mit Zahlen gespielt werden.

Kommentar

Durch das *Einhalten des Klatschrhythmus* wird die im Grunde einfache Aufgabenstellung, auf die Nen-nung der eigenen Zahl zu reagieren, erheblich er-schwert.

Ringkette

Spielaufgabe

Schnelles Reagieren auf Anweisungen

Mitspielerinnen

Die gesamte Gruppe

Geräte / Materialien

Je Mitspielerin ein Wurfring

Spielbeschreibung

Alle Mitspielerinnen stehen auf einer Kreislinie. Jeweils zwei benachbarte Mitspielerinnen halten gemeinsam einen Wurfring fest. In der Mitte des Kreises steht die Spielleiterin. Ruft sie „Rechts", so lassen alle den Ring in ihrer rechten Hand los, übergeben den Ring von der linken Hand in die rechte und fassen wieder zum Kreis durch. Auf die Anweisung „Links" wird der linke Ring losgelassen und der Ring wechselt von der rechten Hand in die linke. Die Anweisungen der Spielleiterin erfolgen immer schneller. Wenn eine der Mitspielerinnen die Hand verwechselt und der Ring zu Boden fällt, wird sie zur neuen Spielleiterin.

Kommentar

In diesem Reaktionsspiel werden Aufmerksamkeit und Konzentration gleichermaßen geschult. Fehler werden deutlich sichtbar, wenn ein Ring zu Boden fällt. Die Spielleiterin sollte darauf hinwirken, dass *Fehlern keine zu große Bedeutung zugemessen* und *das Spiel nicht zu verbissen gespielt* wird.

Tabu

Spielaufgabe

Ball nach einer bestimmten Regel weiterspielen

Mitspieler

Die gesamte Gruppe oder mehrere Kleingruppen

Geräte / Materialien

Ein Ball pro Gruppe

Spielbeschreibung

Alle Mitspieler einer Gruppe stehen auf einer Kreislinie. Ein Ball wird ohne Unterbrechung von einem
Mitspieler zum nächsten weitergegeben. Dabei zählen alle fortlaufend mit. Eine vorher bestimmte Zahl
ist „tabu". Ist beispielsweise die Sieben tabu, werden
alle Zahlen, in denen die Sieben vorkommt oder die
durch Sieben teilbar sind, nicht laut mitgezählt, sondern der jeweilige Spieler sagt statt dessen „Piff".
Nennt ein Spieler aus Versehen die Tabu-Zahl, beginnt er von vorne zu zählen.

Variationen

- Anstatt „Piff" zu sagen, wird der Ball auf den Boden geprellt.
- Zwei vorher vereinbarte Zahlen sind tabu.
- Der Ball wird zum jeweils übernächsten Nachbarn weitergespielt.
- Es wird von einer bestimmten Zahl an rückwärts gezählt und die Tabu-Zahl dabei durch „Piff" ersetzt. Die Höhe der Zahl, bei der mit dem Rückwärtszählen begonnen wird, wird immer weiter gesteigert.
- Es wird vorgeschrieben, dass bei der Tabu-Zahl die Richtung der Ballweitergabe gewechselt wird. Allerdings sollte hier die Anzahl der Mitspieler im Kreis kleiner als die Tabu-Zahl sein, damit der Ball nicht ständig zwischen wenigen Mitspielern hin und her gespielt wird.
- Die Zahlenreihe beginnt, ohne dass vorher eine Tabu-Zahl vereinbart wurde. Sagt ein beliebiger Mitspieler statt einer Zahl 'Piff', so wird anstelle aller Vielfachen dieser Zahl und aller Zahlen, in der diese Zahl vorkommt, 'Piff' gesagt. Danach darf ein weiterer Mitspieler bei einer anderen Zahl 'Paff' sagen und es gilt für diese Zahl wieder dieselbe Regel. Kommen beide Tabu-Zahlen in einer Zahl vor, so sagt man natürlich 'Piff-Paff'.

Kommentar

Die *Doppelaufgabe* einer mit einer Zahlen- bzw. Rechenregel verbundenen Bewegungsaufgabe erfordert eine hohe *Konzentration*. Es ist für die Gruppe immer wieder spannend, bis zu welcher Zahl sie fehlerfrei bleibt.

Geldkreislauf

Spielaufgabe

Münzen weitergeben

Mitspieler

Die gesamte Gruppe

Geräte / Materialien

Verschiedene Münzen

Spielbeschreibung

Alle Mitspieler stehen auf einer Kreislinie. Einem Mitspieler wird je eine Münze auf eine Fingerspitze der rechten und der linken Hand gelegt. Er muss nun eine Münze nach links und eine nach rechts an die nächsten Mitspieler weitergeben. Die Münzen sollen möglichst schnell wieder bei ihm ankommen ohne zu Boden zu fallen.

Variationen

• Nach und nach können immer mehr Münzen durchgereicht werden.

Kommentar

Dieses Spiel erfordert eine gute feinmotorische Koordination und geduldige, kontrollierte Bewegungen. Trotz der Vorgabe, die Münzen schnell durchzureichen, müssen die Mitspieler die Aufgabe langsam und exakt durchführen. Sie sollen sich *durch den Zeitdruck nicht aus der Ruhe bringen lassen.*

Aufgepasst!

Spielaufgabe

Auf plötzlichen Zuwurf eines Balles reagieren

Mitspieler

Die gesamte Gruppe

Geräte / Materialien

Ein Ball, evtl. Soft- oder Wasserball

Spielbeschreibung

Alle Mitspieler stehen auf einer Kreislinie. Der Spielleiter steht mit einem Ball in der Kreismitte. Er wirft diesen überraschend einem beliebigen Mitspieler im Kreis zu. Dieser soll den Ball fangen, vorher allerdings einmal in die Hände klatschen. Gelingt ihm dies, wirft er den Ball in die Mitte zurück. Fängt er den Ball nicht oder schafft er es nicht, vorher zu klatschen, wird er zum Zuspieler in der Mitte.

Variationen

• Der Ball wird den Mitspielenden zugeprellt.

Kommentar

Dieses Spiel erfordert *hohe Reaktionsschnelligkeit, da vor dem Fangen eine zusätzliche Bewegung der Hände ausgeführt werden soll.* Um das Tempo zu verlangsamen und zu vermeiden, dass Mitspielende durch den Ball verletzt werden, kann mit einem Soft- oder Wasserball gespielt werden. Die Schwierigkeit des Spiels kann auch durch die Größe des Kreises und somit die Entfernung zum Zuspieler variiert werden.

„*Ich sitze im Grünen ...*"

Spielaufgabe

Platzwechsel nach vorgegebenem Merkspruch

Mitspielerinnen

Die gesamte Gruppe

Geräte / Materialien

Keine

Spielbeschreibung

Alle Mitspielerinnen stehen oder sitzen auf einer
Kreislinie. Der rechte Platz neben der Spielleiterin
bleibt frei. Mit den Mitspielerinnen wird folgender,
aus vier Teilen bestehender Spruch eingeübt:

Ich sitze
im Grünen
und pflücke
eine Blume.

Nun sucht sich reihum jede Mitspielerin einen Blumennamen aus. Dabei darf keine Blume zweimal
vorkommen.

Wenn alle Mitspielerinnen einen Blumennamen gewählt haben, beginnt die Spielleiterin mit „*Ich sitze*"
und rückt dabei einen Platz nach rechts. Die Mitspielerin links daneben rückt nach, während sie „*im*
Grünen" sagt. Die nächste Mitspielerin links daneben folgt und spricht dabei „*und pflücke*". Danach
rückt die Mitspielerin links von ihr auf den leeren
Platz und nennt einen der Blumennamen einer Mitspielerin, z. B. „*ein Veilchen*". Die Mitspielerin, die
das Veilchen für sich gewählt hat, begibt sich auf
den leeren Platz links von der letzten Sprecherin.

Möglichst ohne Pause beginnt die Mitspielerin, deren rechter Platz nun leer ist, von neuem mit „*Ich sitze*" und rückt dabei nach rechts. So geht das Spiel zumindest so lange weiter, bis alle Blumennamen an der Reihe waren. Wie viele Durchgänge schafft die Gruppe ohne Pause?

Variationen

- Der Merkspruch kann vielfältig abgewandelt und auch an aktuelle Gegebenheiten angepasst werden. Beispiele:

Ich habe
Geburtstag
und wünsche mir
ein ...
Geschenk (z. B. Schmuckstück, Buch, Krawatte, Socken).

Ich fahre
in Urlaub
und reise
nach ...
Reiseziel (z. B. Südsee, Mount Everest, Ballermann 6).

Kommentar

Dieses komplexe Spiel erfordert zum einen die *ständige Konzentration auf den Spielverlauf*, zum anderen eine *schnelle Reaktion, um den Spielfluss aufrechtzuerhalten*. Es empfiehlt sich, nach einigen Durchgängen das Spiel zu unterbrechen und alle Blumennamen nochmals zu wiederholen, da erfahrungsgemäß einige wenige immer wieder genannt und andere schnell vergessen werden.

Wer hat den Ball?

Spielaufgabe

Mitspielerinnen aufmerksam beobachten

Mitspielerinnen

Die gesamte Gruppe

Geräte / Materialien

Ein kleiner Ball
Für die Variation ein Schlüsselring

Spielbeschreibung

Alle Mitspielerinnen stehen Schulter an Schulter mit den Händen hinter dem Rücken auf einer Kreislinie. Eine Mitspielerin stellt sich in die Mitte und versucht herauszufinden, in wessen Hand sich ein kleiner Ball befindet, der hinter dem Rücken von Mitspielerin zu Mitspielerin weitergereicht wird. Glaubt sie zu wissen, wo der Ball ist, so ruft sie „Stop" und zeigt auf die Mitspielerin, bei der sie den Ball vermutet. Hat sie die Ballbesitzerin ausfindig gemacht, so tauscht sie mit ihr den Platz.

Variationen

- Alle Mitspielerinnen stehen auf einer Kreislinie und halten ihre zu Fäusten geschlossenen Hände in die Mitte. Die Mitspielerin in der Mitte schließt kurz die Augen und ein kleiner Gegenstand, z. B. ein Schlüsselring, wird von Hand zu Hand weitergegeben. Die Mitspielerin in der Mitte darf ihre Augen plötzlich öffnen und auf die Hand zeigen, in der sie den Gegenstand vermutet. Die Mitspielerin öffnet ihre Hand. Befindet sich der Gegenstand darin, tauschen beide ihre Plätze.

Kommentar

Dieses Spiel erfordert eine genaue *Beobachtung und Interpretation der Bewegungen und der Gesichtsmimik,* anhand derer herausgefunden werden kann, wer im Moment den Gegenstand in der Hand hält.

Hallo, Nachbarin!

Spielaufgabe

Auf Zuruf an die Nebenspielerin reagieren

Mitspielerinnen

Die gesamte Gruppe

Geräte / Materialien

Keine

Spielbeschreibung

Alle Mitspielerinnen, die sich für dieses Spiel mit Namen kennen sollten, stehen auf einer Kreislinie. Die Spielleiterin ruft den Namen einer beliebigen Mitspielerin. Deren rechte und linke Nachbarin heben daraufhin schnell den der genannten Mitspielerin zugewandten Arm. Reagieren beide richtig, so ruft die Spielleiterin einen anderen Namen. Vergisst eine der Nachbarinnen die Hand zu heben, so ruft die ganze Gruppe „Hallo, Nachbarin!" und diese Mitspielerin wird zur neuen Spielleiterin. Das Spiel wird um so schwieriger, je schneller die Namen aufeinander folgen. Wenn eine Mitspielerin aus Versehen „Hallo, Nachbarin!" ruft, ohne dass das Handheben vergessen worden ist, wird sie neue Spielleiterin.

Variationen

• Die Nachbarinnen führen andere Bewegungen aus, z. B. das der genannten Mitspielerin zugewandte Bein anheben, mit dem Finger auf sie zeigen, ihr auf die Schulter klopfen.

Kommentar

Bei diesem Spiel müssen *alle Mitspielenden permanent dem Spielverlauf folgen*. Es erfordert eine andauernde hohe Aufmerksamkeitsspannung.

Stille-Post-Pantomime

Spielaufgabe

Pantomimisch dargestellte Bewegungen weitergeben

Mitspieler

Die gesamte Gruppe, evtl. aufgeteilt in Kleingruppen

Geräte / Materialien

Keine

Spielbeschreibung

Alle Mitspieler stehen auf einer Kreislinie mit Blick nach außen. Ein vorher bestimmter Mitspieler beginnt, dreht sich seinem Nachbarn zu und gibt eine selbstgewählte Bewegung pantomimisch an ihn weiter. Bewegungen können sein: sich kämmen, einen Brief zukleben, ein Tier streicheln, Kleidungsstücke anziehen, Tür aufschließen, Fenster putzen usw. Die Bewegung wird im Kreis weitergegeben. Kann der letzte Mitspieler im Kreis die Bewegung richtig benennen?

Das Spiel wird so lange wiederholt, bis alle als „Absender" an der Reihe waren.

Kommentar

Dieses *Darstellungsspiel* zielt auf *Vorstellungskraft,* aber auch auf *genaue Bewegungsausführung* ab. Der Reiz des Spieles liegt darin, ob der Letzte in der Reihe die vom „Absender" gemeinte Bedeutung noch aus der Bewegung erraten kann, die bei ihm angekommen ist.

4   Spiele zum Laufen oder Gehen

Die Entwicklung der Ausdauerleistungsfähigkeit über Laufprogramme mit indi-
viduell dosierter Belastung zählt zu den fest etablierten Bestandteilen der Bewegungstherapie im Herzsport und wird auch im Alterssport als zentrales Element
hervorgehoben. Wenn hier ein spezielles Kapitel Spielformen zum Laufen oder
schnellen Gehen gewidmet ist, so soll und kann dadurch ein gezieltes Ausdau-
ertraining, in dem auch die Entwicklung der Wahrnehmung für die eigene körperliche Belastung einen wichtigen Stellenwert einnimmt, nicht ersetzt werden.
Allerdings besteht in Trainingsformen immer die Gefahr, dass die Teilnehmenden zu Leistungsvergleichen animiert werden und sich dabei überfordern.

In einigen der folgenden Spiele wird das Laufen thematisch in bestimmte Phan-
tasiebilder und -situationen eingebunden. Über die sprachliche Lenkung der Ge-
schichten hat der Spielleiter oder die Spielleiterin fast immer die Möglichkeit,
die Laufbeanspruchung zu steuern und gemäß der Leistungsfähigkeit der Teilnehmenden zu modifizieren. In manchen der vorgestellten Spiele liegt der
Schwerpunkt nicht auf dem Laufen, sondern auf anderen Aufgabenstellungen,
die aber nur in Verbindung mit Laufen oder Gehen gelöst werden können. In
anderen Spielen wird ein Rahmen vorgegeben, in dem die Mitspielenden ihre
Laufbelastung eigenständig bestimmen und weitgehend selbst einschätzen sollen, welche körperliche Beanspruchung ihnen zuträglich ist und wo ihre körperlichen Grenzen liegen. Selbstverständlich liegt die letzte Verantwortung bei
der Leitungsperson, die aufgrund äußerer Anzeichen erkennen muss, ob Einzelne sich überanstrengen, und die in solchen Fällen nicht zögern darf, ein Spiel
abzubrechen.

Immer in Bewegung

Spielaufgabe

Alle Bälle in Bewegung halten

Mitspieler

Die gesamte Gruppe

Geräte / Materialien

Ein Ball je Mitspieler, für die Variation ein Luftballon je Mitspieler

Spielbeschreibung

Alle Mitspieler erhalten einen Ball. Auf ein Startsignal des Spielleiters hin prellen alle ihren Ball einmal kräftig auf den Boden und suchen sich dann schnell einen anderen Ball, den sie durch erneutes Aufprellen in Bewegung halten. Auf diese Weise bewegen sich alle ständig durch den Raum und wechseln von einem Ball zum anderen. Aufgabe ist es, so permanent alle Bälle in Bewegung zu halten und zu verhindern, dass ein Ball zur Ruhe kommt.

Variationen

- Gleiches Spielprinzip mit Luftballons, die alle von der Gruppe in der Luft gehalten werden müssen.

Kommentar

Bei diesem Spiel sind nicht nur die Bälle und Ballons, sondern auch die Mitspieler ständig in Bewegung. Dabei muss darauf geachtet werden, dass *neben der Konzentration auf Bälle oder Ballons auch die Mitspielenden im Auge behalten werden*, damit es nicht zu Zusammenstößen kommt. Wichtig ist der Hinweis, primär darauf zu achten, keine Mitspieler zu verletzen und im Zweifelsfall den Ball zur Ruhe kommen zu lassen.

Familienausflug

Spielaufgabe

Innerhalb einer Rahmengeschichte vorgegebene Bewegungen ausführen

Mitspieler

Die gesamte Gruppe

Geräte / Materialien

Bänke

Spielbeschreibung

Die Gruppe teilt sich in verschiedene Kleingruppen mit ungefähr sechs bis acht Mitspielern auf, die sich rittlings auf mehrere parallel gestellte Bänke setzen. Auf jeder Bank sitzt „Familie Schmitz". Dabei nehmen die einzelnen Mitspieler die Rollen von Vater „Jupp Schmitz", Mutter „Annemie Schmitz", Oma „Maria Schmitz", Opa „Hans Schmitz", der Kinder „Frank" und „Martina Schmitz", des Papageis „Lora Schmitz" usw. ein.

Der Spielleiter erzählt nun von einem Familienausflug in den Zoo. Immer wenn in der Geschichte der Name eines Familienmitglieds erwähnt wird, steht der betreffende Mitspieler auf, trabt eine Runde um die Bank und setzt sich wieder auf seinen Platz. Wird die ganze Familie genannt, so müssen alle Mitspielenden aufstehen und einmal um die Bank laufen oder gehen.

Variationen

- Um die Belastung zu reduzieren, können die Betreffenden bei Nennung ihres Namens aufstehen und mit dem Kopf nicken, sich verbeugen, auf die Bank steigen oder einen Knicks machen.

Kommentar

Der Spielleiter kann über die Gestaltung der Geschichte und die Häufigkeit der Nennung von „Familienmitgliedern" die Belastung dosieren. Wenn er darauf achtet, dass alle möglichst regelmäßig genannt werden, wird das Spiel zu einer *gezielt steuerbaren Ausdauerform*. Es gewinnt seinen Reiz vor allem über die phantasievolle Ausgestaltung und eventuell auf die Gruppe bezogene Pointierung der Rahmengeschichte.

Grätschstaffel

Spielaufgabe

Einen Tischtennisball in der Reihe weitertransportieren

Mitspielerinnen

Die gesamte Gruppe, aufgeteilt in zwei Mannschaften

Geräte / Materialien

Ein Becher je Mitspielerin und zwei Tischtennisbälle

Spielbeschreibung

Die beiden Mannschaften stellen sich mit gegrätschten Beinen so in einer Reihe auf, dass die Füße der nebeneinander stehenden Mitspielerinnen sich berühren und die Erste in der Reihe Fußkontakt mit der Wand hat. Alle halten einen Becher in der Hand. Die Spielerin an der Wand hat einen Tischtennisball in ihrem Becher.

Auf Ansage der Spielleiterin läuft die Spielerin an der Wand an das andere Ende der Reihe und stellt sich wiederum mit gegrätschten Beinen und Fußkontakt an die Spitze der Gruppe. Dann kippt sie den Tischtennisball in den Becher der benachbarten Mitspielerin. Auf diese Weise wird der Tischtennisball von einer Mitspielerin zur nächsten transportiert, bis die letzte Spielerin in der Reihe den Tischtennisball im Becher hat. Diese läuft damit nach vorn, stellt sich mit Fußkontakt an und der Spielablauf beginnt von neuem.

Welcher Mannschaft gelingt es als erster, Fußkontakt mit der gegenüberliegenden Wand zu bekommen?

Variationen

- Der Tischtennisball wird ausgekippt und nach einmaligem Aufprellen von der nächsten Mitspielerin mit dem Becher aufgefangen.

Kommentar

Staffeln sind aufgrund des dominierenden Wettkampfgedankens und der oft hohen Belastungsspitzen für den Herz- und Alterssport wenig geeignet. In der hier beschriebenen Form sollen durch die gemeinsam zu lösende koordinative Aufgabe und die vergleichsweise geringe Laufbelastung mit langen Pausen *risikoreiche Belastungen vermieden* werden.

Feuer, Wasser, Sturm, Eis

Spielaufgabe

Ausführen von Bewegungsaufgaben auf Zuruf

Mitspielerinnen

Die gesamte Gruppe

Geräte / Materialien

Keine

Spielbeschreibung

Alle Mitspielerinnen laufen oder gehen durch die Halle. Auf Zuruf der Spielleiterin müssen sie möglichst schnell bestimmte Bewegungen ausführen. Bei „Feuer" laufen oder gehen alle zu einer Tür. Bei „Wasser" suchen sie sich einen erhöhten Platz, z. B. auf einer Bank oder einem Kasten. Bei „Sturm" halten sich alle an einem Gegenstand in der Halle fest. Bei „Eis" bleiben alle wie erstarrt stehen. Dazwischen wird jeweils weitergelaufen oder -gegangen.

Variationen

Big Mac

- Bei „Sandwich" legen zwei Mitspielerinnen die Handflächen aufeinander. Bei „Hotdog" finden sich drei Mitspielerinnen zusammen. Zwei fassen sich an den Händen, die Dritte stellt sich dazwischen und dreht sich langsam um die eigene Achse. Vier Mitspielerinnen bilden einen „Big Mac". Zwei stellen sich mit dem Gesicht nach außen, die anderen bilden dazwischen den „Belag". Bei „Kartoffelsalat" treffen sich alle in der Mitte der Halle.

Kommentar

Bei diesem bekannten Spiel, das viele noch aus ihrer Kinderzeit kennen, ist durch die verschiedenen Begriffe und die damit assoziierten Bewegungen eine *gute Belastungsdosierung* möglich. Durch den gezielten Wechsel der Anweisungen kann das Spiel leicht an die Voraussetzungen der jeweiligen Gruppe angepasst werden.

Amerikanische Kreuzung

Spielaufgabe

Nach vorgegebenen Regeln bei Begegnungen aneinander vorbeibewegen

Mitspielerinnen

Die gesamte Gruppe

Geräte / Materialien

Kastenteile

Spielbeschreibung

Mit Kastenteilen werden die Ecken einer oder mehrerer Kreuzungen markiert, an der vier „Straßen" rechtwinklig aufeinander treffen. Alle Mitspielerinnen bewegen sich frei durch den Raum und passieren dabei von Zeit zu Zeit die Kreuzung. Dabei müssen sie die in den USA an Kreuzungen geltende Vorfahrtsregel einhalten: In der Reihenfolge, in der die Mitspielerinnen an der Kreuzung ankommen, wird die Kreuzung überquert. Das bedeutet, dass bereits beim Ankommen genau darauf geachtet werden muss, ob bereits andere Mitspielerinnen an den „Straßenecken" stehen. Erst wenn alle anderen in der ersten Position stehenden Mitspielerinnen die Kreuzung überquert haben, darf selbst losgelaufen werden.

Kommentar

In dieser Spielform wird Laufen oder Gehen mit einer „Verkehrsregel" verbunden, die in unserem Straßenverkehr nicht geläufig ist. Um so mehr ist die *Aufmerksamkeit auf die gesamte Kreuzung und das Agieren der Mitspielenden* erforderlich.

Umkehrlauf

Spielaufgabe

Entwickeln von Tempo- und Zeitgefühl beim Laufen oder Gehen

Mitspieler

Die gesamte Gruppe, aufgeteilt in Paare

Geräte / Materialien

Keine

Spielbeschreibung

Immer zwei Mitspieler finden sich zu etwa gleich laufstarken Paaren zusammen. Nun laufen oder gehen alle zusammen eine vorher angegebene Zeit um ein Spielfeld herum. Dabei starten die Partner in entgegengesetzter Richtung.

Nach der Hälfte der vorgegebenen Zeit ruft der Spielleiter „Halbzeit". Daraufhin wenden alle Mitspielenden und laufen oder gehen gegen ihre bisherige Lauf- oder Gehrichtung weiter. Aufgabe ist es, gemeinsam mit dem Partner wieder am Ausgangspunkt anzukommen.

Nach Ablauf der vorgegebenen Zeit ruft der Spielleiter „Stop" und alle kontrollieren, wo sie, bzw. der Partner, angelangt sind. Gelingt es, sich das Tempo so einzuteilen bzw. mit dem Partner abzustimmen, dass die Aufgabe erfüllt wird?

Kommentar

Mit diesem anspruchsvollen Laufspiel wird das *Tempo- und Zeitgefühl* beim Laufen oder Gehen entwickelt und somit ein *Empfinden für die eigene Belastung* erarbeitet. Dabei muss nicht nur die Belastungsintensität an die Gesamtlaufdauer angepasst, sondern auch in Abstimmung mit dem Partner gebracht werden.

Reifen verteidigen

Spielaufgabe

Verteidigen von Reifen, die der gegnerischen Mannschaft als Ziel dienen

Mitspieler

Die gesamte Gruppe, aufgeteilt in zwei Mannschaften

Geräte / Materialien

Mehrere Reifen und ein Ball

Spielbeschreibung

Es werden zwei Mannschaften gebildet. In einem relativ engen Abstand zueinander werden mehrere Reifen auf dem Boden verteilt. Dabei ist ein Reifen mehr vorhanden, als Mitspieler in einer Mannschaft sind. Eine der beiden Mannschaften wird zur Torjägermannschaft und erhält einen Ball. Die anderen sind Verteidiger und haben die Aufgabe, die Reifen zu verteidigen. Ein Tor wird dadurch erzielt, dass der Ball in einem leeren Reifen abgelegt wird. Dabei dürfen die Mitspieler der Torjägermannschaft sich den Ball zupassen, mit dem Ball darf aber nicht gelaufen werden. Die Verteidigermannschaft kann Tore verhindern, indem sich einer der Mitspieler in einen bedrohten Reifen stellt. Die Torjägermannschaft muss also durch schnelles Passen versuchen, den Ball in einem Reifen abzulegen.

Nach einer vorher festgelegten Zeit wechseln die Mannschaften die Rollen.

Variationen

- Es werden zwei oder sogar drei Reifen mehr ausgelegt, als die Verteidigermannschaft Mitspieler
hat.
- Der Abstand zwischen den Reifen wird vergrö-
ßert, so dass die Verteidigermannschaft größere
Strecken bewältigen muss.

Kommentar

In dieser Spielform sind *die beiden Mannschaften
unterschiedlich gefordert*. Die Verteidigermannschaft muss mehr laufen. Für die Torjägermannschaft steht der Überblick über die Spielsituation
und das schnelle Reagieren mit dem Ball im Vordergrund.

Je nach Gruppenkonstellation kann zur Verlangsa-
mung des Spieltempos auch mit einem Soft- oder
Wasserball gespielt werden.

Synchrongehen

Spielaufgabe

Finden eines gemeinsamen Fortbewegungsrhythmus

Mitspielerinnen

Die gesamte Gruppe, aufgeteilt in Paare

Geräte / Materialien

Keine

Spielbeschreibung

Immer zwei Mitspielerinnen ungefähr gleicher Größe finden sich zu Paaren zusammen. Sie stellen sich
Rücken an Rücken und versuchen dann, gemeinsam
zu gehen. Dabei geht eine Partnerin vorwärts, die
andere rückwärts. Beim Gehen soll enger Kontakt
mit Rücken und Gesäß gehalten werden. Nach einiger Zeit wird die Bewegungsrichtung gewechselt.

Variationen

• Die Mitspielerinnen klemmen einen Gegenstand,
  z. B. eine Zeitung oder einen Ball, zwischen ihren
  Rücken ein. Dieser soll nicht hinunterfallen.

Kommentar

Die Mitspielerinnen müssen hier zunächst langsam
gehen, um sich aufeinander einzustellen. *Wenn ein
gemeinsamer Rhythmus gefunden ist, sollte nach
und nach das Tempo gesteigert werden.* Dabei wird
jedoch die Aufmerksamkeit nicht nur auf die Partnerin, sondern auch auf die anderen Paare gerichtet.

Ballmühle

Spielaufgabe

Platzwechsel nach Weitergabe eines Balles

Mitspielerinnen

Die gesamte Gruppe

Geräte / Materialien

Ein Ball

Spielbeschreibung

Alle Mitspielerinnen stehen auf einer Kreislinie. Ein Ball wird in eine vorher ausgemachte Richtung von einer zur anderen weitergegeben. Sobald eine Mitspielerin den Ball weitergegeben hat, wechselt sie mit der Mitspielerin, die ihr im Kreis gegenübersteht, den Platz.

Variationen

• Der Ball wird weitergeworfen oder weitergeprellt.

Kommentar

Hier ist *jede Mitspielerin ständig in Bewegung*, da der Ball sie schon wieder erreicht, kaum dass sie den Platz gewechselt hat. Die *Mehrfachbeanspruchung* beim Weitergeben des Balles, Laufen in eine andere Richtung, Platz einnehmen, Annehmen und Weitergeben des Balles mit direkt anschließender weiterer Aktion ist *koordinativ anspruchsvoll, jedoch ohne zu hohe Laufbelastung.*

Die Raum- und Ballwege können durch engere oder weitere Kreisaufstellung variiert werden.

Rätsellauf

Spielaufgabe

In Kleingruppen Rätsel lösen, die sich an verschiedenen Stellen der Halle befinden

Mitspieler

Die gesamte Gruppe, aufgeteilt in Kleingruppen

Geräte / Materialien

Vorbereitete beschriftete Zettel, Klebeband, je Kleingruppe ein Filzstift, eine Bank, für die Variation farbiger Karton

Spielbeschreibung

Der Spielleiter heftet Zettel an die Wände der Halle. Diese sind jeweils mit einer Zahl markiert, unter der eine ungeordnete Buchstabenfolge steht. Aus den Buchstaben lässt sich jeweils der Name eines Tieres bilden.

Die Mitspieler finden sich zu Zweier- oder Dreiergruppen zusammen. In der Mitte der Halle wird eine Bank als gemeinsame Station aufgestellt, auf der für jede Gruppe ein Blatt festgeklebt ist. Darauf befinden sich jeweils die Zahlen der an der Wand befestigten Zettel in unterschiedlicher Reihenfolge.

Aufgabe der Gruppen ist es nun, die Wandzettel in der Reihenfolge der Zahlen zu finden, den Tiernamen zusammenzusetzen und ihn auf dem Blatt ihrer Gruppe zu notieren. Das Spiel ist beendet, wenn alle Gruppen alle Tiernamen eingetragen haben.

Variationen

- Anstelle von Tiernamen können beliebige andere Wortfamilien wie Städte, Pflanzen, Berufe oder Sportarten vorgegeben werden.

• Mehrere verschiedenfarbige Kartons werden vorbereitet. Sie sind mit Wörtern beschriftet, die jeweils aus der gleichen Anzahl an Buchstaben bestehen. Die Kartons werden so zerschnitten, dass jeweils ein Buchstabe auf einem Teilstück steht. Der Spielleiter klebt die Kartonstücke ungeordnet an die Hallenwände. Dann werden so viele Kleingruppen gebildet, wie Kartonfarben im Spiel sind. Jede Gruppe bekommt eine Farbe zugeordnet und hat die Aufgabe, die Kartonstücke ihrer Farbe zu suchen und sich die Buchstaben zu merken. Sie soll aus diesen Buchstaben ein sinnvolles Wort bilden, zum Spielleiter laufen und es ihm nennen. Ist das Wort richtig, so ist das Spiel für diese Gruppe beendet.

Kommentar

Diese Spielform bietet eine *abwechslungsreiche Kombination eines Intervalllaufes mit kognitiver Aufgabenstellung*. In der hier dargestellten Form wird bewusst auf eine Konkurrenz zwischen den Gruppen verzichtet. Das gemeinsame Lösen der Rätsel beinhaltet erfahrungsgemäß einen ausreichenden Spielanreiz, der keinen zusätzlichen Wettkampfcharakter erfordert.

Bei der Beschriftung der Zettel sollte darauf geachtet werden, dass die Buchstaben so klein sind, dass sie nicht schon aus großer Entfernung gelesen werden können.

Wortpaare

Spielaufgabe

Partner suchen, mit denen ein sinnvoller Begriff gebildet werden kann

Mitspieler

Die gesamte Gruppe

Geräte / Materialien

Vorbereitete Kärtchen mit Wörtern

Spielbeschreibung

Der Spielleiter bereitet Kärtchen vor, auf denen
Wörter stehen, die sich teilweise untereinander zu
sinnvollen Begriffen aus zusammengesetzten Wörtern verknüpfen lassen, z. B. Haus – Hund – Tür –
Kette – Schloss – Perlen – Garten – Hof – Napf –
Kuchen – Blume – Schlüssel – Gabel – Zimmer.
Jeder Mitspieler erhält ein Kärtchen. Alle setzen
sich in Bewegung und suchen einen Mitspieler, mit
dem zusammen sie aus ihren beiden Karten einen
sinnvollen Begriff bilden können. Haben sie einen
solchen Partner gefunden, tauschen sie mit ihm das
Kärtchen und suchen erneut einen Mitspieler, mit
dem sie ein Wortpaar bilden können. Das Kärtchen
darf nur getauscht werden, wenn sich aus den beiden Wörtern ein sinnvoller Begriff bilden lässt.

Kommentar

In diesem *kommunikativen Spiel* müssen sich die Mitspieler immer wieder auf neue Wörter einstellen und *Wortkombinationen erproben*. Erfahrungsgemäß schätzen Ältere Wort- und Rätselspiele, die sie oft auch in ihrer Freizeit spielen.

5   Spiele zum Fangen und Werfen

Fangen und Werfen zählen zu grundlegenden Fertigkeiten, ohne deren zumindest basale Beherrschung eine große Anzahl von Spielen überhaupt nicht in Gang kommen und gelingen kann. Viele Ältere haben häufig jahrelang keinen Ball mehr in der Hand gehabt. Zudem haben sie in Zeiten die Schule besucht, zu denen ein Turn- oder Sportunterricht im heutigen Verständnis kaum stattfand. Nicht zuletzt aufgrund mangelnder Geräteausstattung hatten viele kaum Gelegenheit, Ballspielfertigkeiten zu erlernen. Andererseits zählten Bälle für viele zu den wenigen Spielzeugen ihrer Kindheit. Formen der „Ballprobe" mit kleinen und großen Bällen sind Älteren oft noch in Erinnerung. Es bietet sich an, an diese Spielerfahrungen anzuknüpfen und auf ihrer Grundlage Techniken im Umgang mit dem Ball weiter zu entwickeln.

Aus diesen Gründen ist hier ein spezielles Kapitel Spielen und Spielformen gewidmet, in denen vielfältige Erfahrungen mit Wurfgelegenheiten und Bällen gesammelt werden können. Neben speziellen Situationen zum eigenständigen Erproben gezielten Fangens und Werfens stehen hier Formen aus dem Übungskanon der kleinen Spiele und Sportspiele, die durch die komplexen, exakt abgestimmten Bewegungen und durch Lauf- und Ballwege innerhalb der Gruppe eine spielerische Spannung erhalten. Sie sind variiert und modifiziert, sodass die in den großen Spielen mögliche Verletzungsgefahr weitgehend ausgeschaltet wird.

Bälle im Viereck

Spielaufgabe

Fangen und Werfen in verschiedenen Formen koordinieren

Mitspieler

Die gesamte Gruppe, aufgeteilt in Vierergruppen

Geräte / Materialien

Zwei Bälle je Vierergruppe

Spielbeschreibung

Je vier Spieler stellen sich in eine Viereckaufstellung. Nun wird jeweils ein Ball diagonal zugeworfen, der zweite wird im Viereck nach rechts weitergegeben.

Variationen

- Zwei Bälle werden diagonal gespielt, der dritte im Viereck weitergegeben.
- Die Vierergruppe wird zu einer Gasse erweitert. Jetzt werden mehrere Bälle im Zickzack durch die Gasse geworfen und ein oder zwei Bälle werden seitlich zum nächsten Mitspieler der Gasse weitergegeben.
- In Gassenaufstellung wird ein Ball in der Gasse immer zum benachbarten Mitspieler weitergespielt. Nach der Abgabe tauscht der Werfer den Platz mit seinem Gegenüber.

Kommentar

Durch das Spielen mehrerer Bälle in verschiedene Richtungen sowie die Platzwechsel in der letzten Variation werden hohe Ansprüche an die *Koordination und Orientierungsfähigkeit* der Mitspielenden gestellt.

Ballkaskade

Spielaufgabe

Fangen, Werfen und Laufen zügig koordinieren

Mitspielerinnen

Die gesamte Gruppe oder mehrere Kleingruppen

Geräte / Materialien

Ein Ball pro Gruppe

Spielbeschreibung

Die Mitspielerinnen stehen hintereinander in einer Reihe mit dem Gesicht zur Wand. Die erste Spielerin wirft den Ball gegen die Wand, tritt sofort zur Seite und stellt sich am Ende der Reihe wieder an. Die zweite Mitspielerin fängt den Ball nach dem Zurückprallen von der Wand auf, wirft ihn ohne Pause wieder gegen die Wand, tritt zur Seite, stellt sich am Ende an usw. Der Ball soll während der Ballkaskade nicht zu Boden fallen.

Variationen

Eierlegen I

- In derselben Aufstellung wirft die erste Mitspielerin den Ball gegen die Wand. Während der Ball zurückspringt, bewegt sie sich so nach vorn, dass der Ball zwischen ihren gegrätschten Beinen aufspringt und die nächste Mitspielerin ihn auffangen kann. Die Fängerin wirft den Ball wieder gegen die Wand, lässt ihn zwischen den gegrätschten Beinen aufspringen usw.

Eierlegen II

- Die Werferin tritt so schnell zur Seite, dass die nächste Mitspielerin in der Reihe den Ball durch die gegrätschten Beine springen lassen und die dritte ihn auffangen kann. Die Fängerin wirft den Ball wieder gegen die Wand, während sich die beiden Mitspielerinnen vor ihr am Ende der Reihe anstellen usw.

Kommentar

Diese Spiele mit ausgesprochen *kooperativem Grundcharakter* erfordern vor allem *exakt abgestimmte Bewegungen* in der Gruppe. Die Mitspielerinnen lernen dabei, auf die Bewegungen der anderen zu achten und ihre eigenen Aktionen daran anzupassen.

Diese Bewegungsaufgabe mag zunächst schwierig erscheinen. Die Erfahrung zeigt allerdings, dass viele Ältere ähnliche Spiele aus ihrer Kinder- und Jugendzeit kennen und daher entsprechende Bewegungserfahrungen besitzen.

Auf-und-Nieder-Staffel

Spielaufgabe

Einen Ball nach vorgegebenen Regeln hin- und herwerfen

Mitspieler

Die gesamte Gruppe, aufgeteilt in zwei Mannschaften

Geräte / Materialien

Ein Ball und eine Bank je Mannschaft

Spielbeschreibung

Zwei Bänke werden in einem Abstand von etwa drei Metern parallel zueinander aufgestellt. Die Spielmannschaften stellen sich jeweils mit gegrätschten Beinen über ihre Bank. Ein Mitspieler übernimmt die Rolle des Zuspielers und stellt sich vor die Bank seiner Mannschaft. Er wirft den Ball zum ersten Mitspieler. Dieser wirft den Ball zurück und setzt sich dann hin. Der Zuspieler wirft den Ball zum nächsten stehenden Mitspieler, der ihn wieder zurückwirft und sich hinsetzt. Dieser Ablauf wird fortgesetzt, bis alle Mitspieler auf der Bank sitzen. Der Letzte in der Reihe bewegt sich mit dem Ball nach vorn und übernimmt die Rolle des Zuspielers. Die Bankspieler stehen wieder auf, rücken etwas nach hinten und der bisherige Zuspieler stellt sich an die erste Bankposition. Wenn alle einmal die Rolle des Zuspielers innehatten, ist ein Durchgang beendet.

Variationen

- Der Ball wird dem ersten stehenden Mitspieler in der Bankreihe zugeworfen, der ihn durch die Beine nach hinten über die Bank rollt. Der Letzte bringt den Ball nach vorne, der Zuspieler stellt sich an die erste Stelle in der Bankreihe und der Ball wird ihm zugeworfen.
- Alle Mitspieler sitzen auf der Bank. Der Ball wird seitlich neben der Bank mit den Händen unter den Beinen durchgerollt und auf der anderen Seite wieder zurückgerollt. Der Erste in der Reihe setzt sich hinten auf die Bank. Wenn er wieder an der ersten Position sitzt, ist der Durchgang beendet.

Kommentar

Durch die besondere Organisationsform der Staffel ohne große Laufbelastungen werden *Belastungsspitzen vermieden*. Um erfolgreich zu sein, müssen die Mitspieler vor allem ihre Aktionen aufeinander abstimmen, insbesondere exakt fangen und werfen. Bei unsicheren Fängern in der Mannschaft sollte mit einem Softball gespielt werden.

Vier-Felder-Ball

Spielaufgabe

Einen Ball zupassen

Mitspielerinnen

Die gesamte Gruppe, aufgeteilt in zwei Mannschaften

Geräte / Materialien

Ein oder zwei weiche Bälle

Spielbeschreibung

Es wird ein Spielfeld mit vier nebeneinander liegenden Feldern markiert. Die beiden Mannschaften verteilen sich gleichmäßig jeweils abwechselnd auf die Felder. Eine Mannschaft erhält einen Ball, der so vom äußeren zum eigenen inneren Feld zugespielt werden soll, dass die andere Mannschaft ihn nicht abfangen kann. Dabei sind nur Bodenpässe erlaubt. Ziel ist es, den Ball solange wie möglich in den eigenen Reihen zu halten. Wenn die Gegenmannschaft in Ballbesitz kommt, versucht sie ihrerseits, sich den Ball zuzupassen.

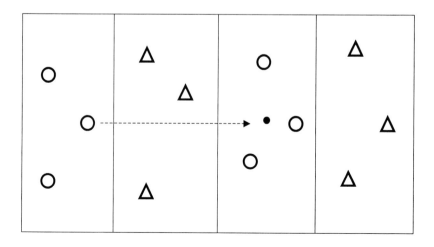

Variationen

- Wenn die Mitspielerinnen einigermaßen ballsicher sind, können auch direkte Pässe, allerdings nicht über Kopfhöhe, zugelassen werden.
- Die Anzahl der geglückten Zuspiele wird gezählt. Die Mannschaft, die zuerst eine vorher festgelegte Anzahl erreicht, hat gewonnen.
- Wenn das Spiel einigermaßen beherrscht wird, kann zur Intensivierung auch mit zwei Bällen gespielt werden.

Kommentar

Vier-Felder-Ball kommt in seiner Struktur wechselseitiger Angriffs- und Verteidigungshandlungen den großen Sportspielen schon weitgehend nahe. Durch die Trennung und Aufteilung der Mannschaften auf verschiedene Felder wird allerdings die *Verletzungsgefahr*, die bei direkten Körperkontakten vielfach entsteht, *herabgesetzt*.

Prellball

Spielaufgabe

Einen Ball gezielt prellen

Mitspieler

Die gesamte Gruppe, aufgeteilt in Dreier-Mann-schaften

Geräte / Materialien

Ein Ball und eine Bank je Spielpaarung

Spielbeschreibung

Eine Bank dient als mittlere Abtrennung zwischen zwei Spielfeldern. Die Dreier-Mannschaften verteilen sich auf je eine Hälfte und spielen sich den Ball durch Prellen mit der offenen Hand zu bzw. versuchen, ihn so über die Bank auf die andere Spielfeldhälfte zu prellen, dass die Gegenmannschaft ihn nicht zurückspielen kann. Innerhalb der eigenen Mannschaft darf der Ball höchstens dreimal zugeprellt werden, bevor er auf die andere Seite gespielt werden muss.

Kommentar

Dieses Rückschlagspiel, das durch seine Nähe zu den großen Sportspielen mit zu den beliebtesten Spielen in Herz- und Alterssportgruppen zählt, hat den Vorteil, dass die gegnerischen Mannschaften voneinander getrennt agieren und dadurch eine vergleichsweise *geringe Verletzungsgefahr* besteht. Durch das leicht zu erlernende Prellen des Balles mit der offenen Hand werden die Spielaktionen verlangsamt und die *Gefahr körperlicher Überlastungen wird weitgehend ausgeschaltet.*

Kegelball

Spielaufgabe

Keulen umwerfen

Mitspielerinnen

Die gesamte Gruppe, aufgeteilt in zwei Mannschaften

Geräte / Materialien

Mehrere Keulen und Bälle

Spielbeschreibung

Auf den zwei gegenüberliegenden Grundlinien des Spielfeldes werden mehrere Keulen aufgestellt. Jede Mitspielerin erhält einen Ball, die Mannschaften verteilen sich auf den beiden Grundlinien zwischen den Keulen. Nun versuchen beide Mannschaften, die Keulen auf der gegnerischen Grundlinie mit gerollten Bällen umzuwerfen. Bälle der anderen Mannschaft dürfen durch eigene Bälle aus der Bahn gebracht werden, um zu verhindern, dass eigene Keulen getroffen werden.

Variationen

• Jede Mannschaft erhält nur eine begrenzte Anzahl von Bällen.

Kommentar

Bei diesem Spiel kommt es besonders darauf an, eine *erfolgreiche Taktik* innerhalb der eigenen Mannschaft abzusprechen. Vor allem dürfen nicht alle Mitspielerinnen gleichzeitig ihre Bälle auf die andere Seite rollen: Einige müssen zurückgehalten werden, um die eigenen Keulen bei Bedarf schützen zu können.

Handtuchball

Spielaufgabe

Gemeinsam einen Ball mit einem Handtuch werfen und fangen

Mitspieler

Die gesamte Gruppe, aufgeteilt in zwei Mannschaften, in denen sich alle zu Paaren zusammenfinden

Geräte / Materialien

Ein Volleyball, eine Bank und für je zwei Mitspieler ein Handtuch

Spielbeschreibung

Die Gruppe wird in zwei Mannschaften aufgeteilt, die sich zu Paaren zusammenfinden. Jede Mannschaft befindet sich in einer Hälfte eines markierten Spielfeldes, das durch eine Bank in der Mitte geteilt ist. Je zwei Mitspieler einer Mannschaft halten mit beiden Händen ein Handtuch fest. Nun versuchen die Paare, einen Ball mit Hilfe des Handtuches über die Bank auf die andere Seite zu werfen. Die Paare der Gegenmannschaft haben die Aufgabe, den Ball mit dem Handtuch aufzufangen, bevor er auf den Boden fällt, und wieder auf die andere Seite zurückzuspielen. Gelingt es einer Mannschaft nicht, den Ball aufzufangen, bevor er auf den Boden fällt, so zählt dies als Punkt für die Gegenmannschaft.

Variationen

- Falls das Fangen des Balles aus der Luft Schwie-
rigkeiten bereitet, kann als Vereinfachung der
Ball einmal aufprellen, bevor er aufgefangen
wird.

Handtuchstaffel

- Mehrere Paare halten Handtücher zwischen sich
und bilden eine Gasse. Ein Ball wird mit dem
Handtuch von Paar zu Paar geworfen. Das Paar,
das geworfen hat, stellt sich am anderen Ende der
Gasse wieder an. Der Ball wird so von einer Seite
der Halle zur anderen transportiert.
- Der Ball kann auch von einem straff gespannten
Handtuch ins andere gerollt werden.

Kommentar

Das Werfen eines Balles mit Hilfe eines Handtuchs
verlangt von den Mitspielern eine *genaue Abstimmung* ihrer Bewegungen, verlangsamt das Spiel und
verhindert dadurch zu hohe körperliche Belastungen.
Vor dem Spiel sollte das Werfen und Fangen mit
Hilfe des Handtuchs geübt werden.

Namensblitz

Spielaufgabe

Durch schnelle Reaktion das Zuspiel des Balles verhindern

Mitspielerinnen

Die gesamte Gruppe

Geräte / Materialien

Ein Ball

Spielbeschreibung

Alle Mitspielerinnen stehen auf einer Kreislinie. Die
Spielleiterin steht mit einem Ball in der Mitte des
Kreises. Eine Mitspielerin beginnt, indem sie den
Namen einer anderen Mitspielerin nennt. Diese
muss schnell den Namen einer weiteren Mitspielerin
nennen, bevor die Spielleiterin ihr den Ball zuwer-
fen kann. Dabei darf nicht der Name der Mitspiele-
rin genannt werden, von der man aufgerufen wurde.
Wer vor der Nennung eines anderen Namens den
Ball erhält, geht als Spielleiterin in die Mitte des
Kreises.

Kommentar

Diese Spielform bezieht ihre Spannung vor allem
daraus, ob es gelingt, durch schnelle Reaktion den
Zuwurf des Balles zu verhindern. Es ist für die
ganze Gruppe immer wieder amüsant festzustellen,
*wie schwierig es ist, unter Zeitdruck einfachste Ge-
dächtnisleistungen* wie das Nennen bekannter Namen *zu erbringen.*

Telegrammball

Spielaufgabe

Einem bestimmten Mitspieler den Ball zuwerfen

Mitspieler

Die gesamte Gruppe

Geräte / Materialien

Ein Ball

Spielbeschreibung

Alle Mitspieler stehen auf einer Kreislinie. Der Spielleiter hat einen Ball, gibt ihn an seinen rechten Nachbarn weiter und nennt ihm den Namen eines Mitspielers, dem er den Ball zuspielen soll, z. B. „Telegramm an Müller". Müller gibt den Ball wieder an seinen rechten Nachbarn weiter und nennt ihm den Namen des Mitspielers, dem dieser ein Telegramm schicken soll. Die Telegramme sollen immer schneller verschickt werden.

Kommentar

Dieses Reaktions- und Aufmerksamkeitsspiel wird durch den Auftrag an den jeweiligen Nachbarn *unberechenbarer und erfordert von den Einzelnen eine erhöhte Konzentration.*

Wurfleiter

Spielaufgabe

Bälle in Ziele werfen

Mitspielerinnen

Die gesamte Gruppe, aufgeteilt in zwei Mannschaften

Geräte / Materialien

Bälle, Reifen, Kastenteile oder umgedrehte kleine Kästen

Spielbeschreibung

Auf zwei parallelen Linien werden im Abstand von ca. zwei bis vier Metern mehrere Kastenteile oder umgedrehte kleine Kästen als Ziele aufgestellt. Direkt hinter jedem Ziel liegt ein Reifen, der die Wurfposition markiert. Ein Reifen liegt im Abstand von zwei bis vier Metern vor dem ersten Ziel.

Die Gruppe wird in zwei Mannschaften aufgeteilt. Die erste Mitspielerin jeder Mannschaft stellt sich in den ersten Reifen, erhält von ihren Mitspielerinnen Bälle angereicht und versucht, diese in das vor ihr stehende Ziel zu werfen. Gelingt ihr das, rückt sie zum nächsten Reifen vor und versucht, in das nächste Ziel zu treffen. Der erste Reifen wird von einer anderen Mitspielerin besetzt, die ebenfalls versucht, den ersten Kasten zu treffen. So rücken die Mitspielenden immer weiter vor und werden dabei von ihren Mitspielerinnen mit Bällen versorgt. Das Spiel endet, wenn alle Mitspielerinnen die gesamte Wurfleiter durchlaufen haben. Diejenigen, die nicht werfen, sammeln die Bälle und geben sie ihren Mitspielerinnen an.

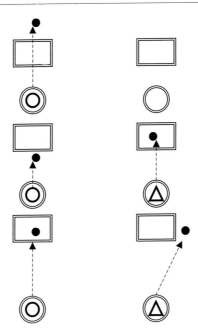

Kommentar

In dieser Spielform *mischen sich Wettkampfele--mente mit kooperativen Elementen.* Der Erfolg einer Mannschaft hängt nicht nur von guten Wurfleistungen ab, sondern vom gelingenden Zusammenspiel innerhalb der Mannschaft. Da immer mehrere Spielerinnen gleichzeitig werfen, steht keine einzelne Spielerin im Mittelpunkt der Aufmerksamkeit, und der individuelle Erfolgsdruck wird dadurch gemindert.

Doppel-Sternball

Spielaufgabe

Bälle in vorgegebener Form zuwerfen

Mitspieler

Die gesamte Gruppe

Geräte / Materialien

Zwei bis vier Bälle

Spielbeschreibung

Alle Mitspieler stehen auf einer Kreislinie. Ein Mitspieler geht in die Mitte des Kreises und erhält ebenso wie ein Mitspieler auf der Kreislinie einen Ball. Nun wirft der Spieler in der Mitte des Kreises dem rechten Nachbarn des Ballbesitzers seinen Ball zu. Sofort im Anschluss bekommt er den Ball von außen zugeworfen und wirft ihn wieder an den rechten Nachbarn des Ballbesitzers weiter. Dieser Ablauf wird ständig wiederholt und muss dabei korrekt eingehalten werden. Dabei sollen die Bälle immer schneller durch den Kreis wandern. Der Mitspieler in der Mitte des Kreises sollte in regelmäßigen Abständen wechseln.

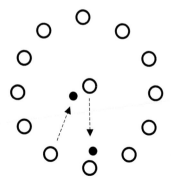

Variationen

- Ein dritter oder sogar vierter Ball wird ins Spiel gebracht. Der Ball wird immer dem rechten Nachbarn des äußeren Spielers mit Ball zugeworfen.
- Durch weitere oder engere Kreisaufstellung kann der Schwierigkeitsgrad variiert werden.

Kommentar

Die Herausforderung dieses Spiels ist es, die Bälle auch *unter wachsendem Zeitdruck genau zu werfen und zu fangen und dabei den vorgegebenen Ablauf einzuhalten.* Für die Gruppe stellt es immer wieder ein Erfolgserlebnis dar, den Spielfluss aufrechtzuerhalten.

Überholen

Spielaufgabe

Schnelles Zupassen des Balles als Mannschaftsspiel

Mitspielerinnen

Die gesamte Gruppe, aufgeteilt in zwei Mannschaften

Geräte / Materialien

Zwei Bälle

Spielbeschreibung

Die Gruppe wird in zwei Mannschaften aufgeteilt. Alle stellen sich in wechselnder Reihenfolge auf einer Kreislinie auf. Jede Mannschaft hat eine Passgeberin, die einen Ball bekommt. Die Passgeberinnen stehen mit dem Rücken zueinander in der Mitte des Kreises, so dass sie den gegenüberstehenden Mitspielerinnen ihrer Mannschaft den ersten Ball zuspielen können. Sie haben die Aufgabe, die Mitspielerinnen ihrer Mannschaft der Reihe nach anzuspielen und den Ball wieder von ihnen zurückzuerhalten. Gelingt es einer Mannschaft, die andere beim Zuspielen einzuholen?

Kommentar

Dieses Spiel folgt in seiner Struktur dem Prinzip des Sternballs. Allerdings wird es hier als *Mannschaftsspiel mit einem zusätzlichen Wettkampfelement* gespielt. Die Schwierigkeit für die Mittelspielerinnen besteht darin, in der schnellen Bewegungsabfolge nur die Mitspielerinnen ihrer eigenen Mannschaft anzuspielen. Die Mittelspielerinnen sollten regelmäßig wechseln.

Füchse-und-Jäger-Ball

Spielaufgabe

Bälle der gegnerischen Mannschaft abwerfen

Mitspieler

Die gesamte Gruppe, aufgeteilt in zwei Mannschaften

Geräte / Materialien

Verschiedenfarbige Bälle

Spielbeschreibung

Die Gruppe wird in zwei Mannschaften aufgeteilt. Die einen sind die „Füchse", die anderen die „Jäger". Nun stellen sich alle in wechselnder Reihenfolge auf eine Kreislinie. Die Füchse bekommen mehrere Bälle, die sie sich schnell und überraschend gegenseitig zurollen. Die Jäger erhalten einen Ball in einer anderen Farbe und müssen versuchen, die Bälle der Füchse damit zu treffen. Getroffene Bälle werden vom Spielleiter aus dem Spiel genommen. Wenn der letzte Ball getroffen ist, wechseln Füchse und Jäger ihre Rollen.

Kommentar

Diese Variation des klassischen Fangspiels „Füchse und Jäger" hat *zwar hohes Spieltempo*. Durch die Kreisaufstellung wird die *Bewegungsintensität* jedoch deutlich *verringert*.

Wandkegeln

Spielaufgabe

Treffen eines Zielballes nach Wandkontakt

Mitspielerinnen

Die gesamte Gruppe, aufgeteilt in zwei Mannschaften

Geräte / Materialien

Bälle, zwei Reifen, ein Medizinball

Spielbeschreibung

Die Gruppe wird in zwei Mannschaften aufgeteilt. Für jede Mannschaft wird ein Reifen in einigem Abstand von der Wand auf den Boden gelegt. Der Medizinball wird näher an der Wand zwischen den beiden Reifen platziert. Nun versuchen die Mitspielerinnen der Reihe nach vom Reifen aus einen Ball so gegen die Wand zu werfen, dass er nach dem Zurückprallen den Medizinball trifft. Welche Gruppe erzielt in einem Durchgang die meisten Treffer?

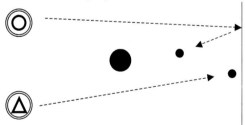

Kommentar

Durch die Aufgabe „über Bande" zu spielen, werden *ganz andere Anforderungen gestellt als beim direkten Werfen auf Ziele.* Treffer werden unvorhersehbarer und das Spiel spannender. Bei zu langen Wartezeiten sollten mehrere Mannschaften gebildet werden.

Wilhelm Tell

Spielaufgabe

Abwerfen eines „Apfels" mit Papierbällen

Mitspieler

Die gesamte Gruppe

Geräte / Materialien

Zeitungen

Spielbeschreibung

Jeder Mitspieler erhält ein Zeitungsblatt und knüllt es zu einem Ball zusammen. Ein Mitspieler nimmt seinen Knüllball und legt ihn als „Apfel" auf seinen Kopf. Die anderen Mitspieler versuchen nun, mit ihren Papierbällen den „Apfel" vom Kopf von „Tells Sohn" zu „schießen". Derjenige, dem der Abwurf gelingt, wird zum nächsten „Sohn".

Variationen

Torwandschießen

• Ein Zeitungsbogen wird mit einem Loch versehen. Zwei Mitspieler halten die „Torwand" fest, die anderen versuchen, ihre Knüllbälle durch das Loch zu werfen. Wenn alle Bälle verschossen sind, wechseln die Mitspieler, die die „Torwand" halten.

Kommentar

Durch die Zeitungsbälle besteht *keinerlei Verletzungsgefahr* für die Mitspielenden. Die *ungewohnten Flugeigenschaften der leichten Knüllbälle* erhöhen zudem den Spielreiz, da Treffer erschwert zu erzielen sind.

Torwächter

Spielaufgabe

Bälle überraschend durch Ziele rollen

Mitspieler

Die gesamte Gruppe

Geräte / Materialien

Ein oder zwei Bälle

Spielbeschreibung

Alle Mitspieler stehen als „Torwächter" mit gegrätschten Beinen auf einer Kreislinie. Ein oder zwei
Mitspieler stellen sich mit je einem Ball in die Mitte
des Kreises und versuchen, ihren Ball durch die ge-
spreizten Beine eines außen stehenden Mitspielers
zu rollen. Die außen Stehenden können das verhindern, indem sie im richtigen Moment ihre Beine
schließen. Sie dürfen ihre Beine aber nicht geschlos-
sen halten, sondern müssen sie sofort wieder öffnen.
Gelingt es einem Mittelspieler, den Ball durch die
Beine eines Torwächters nach außen zu rollen, so
tauscht er mit ihm den Platz.

Variationen

- Drei bis vier Mitspieler stellen sich mit Front nach außen und gegrätschten Beinen in einen kleinen Innenkreis. Die übrigen bilden einen großen Außenkreis und versuchen, einen Ball durch die Beine eines der innen Stehenden zu rollen.
- Statt mit einem Ball wird mit einem kleinen Kissen ohne seitlichen Reißverschluss gespielt. Dieses wird dann geworfen.

Kommentar

In diesem Spiel kommt es auf *Reaktionsfähigkeit und geschickte Täuschungsmanöver* an. Die Mitspieler müssen den Spielverlauf permanent aufmerksam verfolgen, gleichzeitig sind sie körperlich recht aktiv.

Beim Rollen und Aufheben des Balles auf rücken- und kreislaufgerechtes Bücken achten!

Kreiszonen-Korbball

Spielaufgabe

Korbball nach modifizierten Regeln

Mitspielerinnen

Die gesamte Gruppe, aufgeteilt in zwei Mannschaften mit höchstens sechs bis acht Mitspielerinnen je Mannschaft

Geräte / Materialien

Zwei Korbballständer, ein Volleyball oder Softball

Spielbeschreibung

Es werden zwei Mannschaften mit je höchstens sechs bis acht Mitspielerinnen gebildet. Spielfeld ist das Basketballfeld. Als Ziele dienen Korbballständer, die in die Sprungkreise an den beiden Basketballkörben gestellt werden. Zwei bis drei Mitspielerinnen jeder Mannschaft stellen sich in die Kreiszonen, die sie als verteidigende Korbwächterinnen nicht verlassen dürfen. Die übrigen Spielerinnen ihrer Mannschaft befinden sich in der gegenüberliegenden Angriffshälfte, die sie wiederum nicht verlassen dürfen. Die Korbwächterinnen einer Mannschaft bringen den Ball ins Spiel, indem sie ihn durch die Angriffshälfte der Gegenmannschaft zu ihren eigenen Angreiferinnen in der gegenüberliegenden Hälfte werfen. Die Angreiferinnen in Ballbesitz dürfen mit dem Ball nur ein oder zwei Schritte laufen und nicht dribbeln. Ihre Aufgabe ist es, sich den Ball so zuzuspielen, dass eine Mitspielerin möglichst nahe an der Kreiszone in eine günstige Wurfposition gelangt und auf den Korb werfen kann. Erzielt sie einen Treffer, so dürfen die verteidigenden Korbwächterinnen versuchen, den Ball zu ihren eigenen Angreiferinnen zu werfen.

Aufgabe der Korbwächterinnen ist es auch, Bälle, die nicht in den Korb treffen, unter Kontrolle zu bringen und zu ihren Angreiferinnen zu spielen. Springt der Ball aus der Kreiszone heraus, so kann die angreifende Mannschaft einen neuen Wurfversuch unternehmen.

Variationen

- Es wird ein zweiter Kreis im Abstand von ungefähr einem halben Meter außerhalb des ersten Kreises markiert. In diesem Kreis darf sich nun eine Korbwächterin aufhalten, er darf aber auch von den Angreiferinnen betreten werden. Es kommt nun darauf an, eine Mitspielerin durch geschicktes Passen möglichst dicht am inneren Kreis freizuspielen, so dass sie ungestört werfen kann.

Kommentar

Das Korbballspiel ist mit hohen Laufbelastungen und direkten Körperkontakten verbunden, die die Gefahr von Verletzungen mit sich bringen. Zentrales Merkmal dieser Form des Korbballspiels ist es, durch Zusatzregeln *die direkte körperliche Auseinandersetzung zwischen den beteiligten Mannschaften zu verhindern*, indem Angreifer und Verteidiger räumlich getrennt werden und die Angreiferinnen in nur einer Spielhälfte agieren.

Keulen erobern

Spielaufgabe

Treffen von Keulen nach vorgegebenen Regeln

Mitspieler

Die gesamte Gruppe, aufgeteilt in zwei Mannschaften.

Geräte / Materialien

12 Keulen, Gymnastikbälle

Spielbeschreibung

Es werden zwei Mannschaften gebildet. Auf einem Spielfeld von 24 mal 12 Metern werden auf beiden Seiten der Mittellinie je drei weitere Linien im Abstand von 1, 2 und 3 Metern von der Mittellinie markiert. Auf die Mittellinie werden 12 Keulen gestellt. Die beiden Mannschaften nehmen jeweils an der gegenüberliegenden Endlinie des Spielfeldes Aufstellung. Jeder Spieler hat einen Gymnastikball. Die Spieler einer Mannschaft beginnen und werfen ihre Bälle auf die Keulen. Jede umgeworfene Keule darf auf die zur Mannschaft hin näher gelegene Linie gestellt werden. Dann kommt die andere Mannschaft an die Reihe und versucht ihrerseits, die Keulen durch Umwerfen näher an sich heranzubringen. Es dürfen auch die Keulen umgeworfen werden, die die andere Mannschaft bereits getroffen und versetzt hat. Diese werden dann wieder eine Linie zurückgesetzt. Wenn eine Keule auf die Endlinie versetzt wird, wird sie aus dem Spiel genommen und gilt als erobert. Normalerweise endet ein Spiel nach 10 Wurfserien beider Mannschaften. Dann wird gezählt: Mittellinie zählt 0 Punkte, Linie 1 zählt 1 Punkt, Linie 2 zählt 2 Punkte, Linie 3 zählt 3 Punkte, eroberte Keulen zählen 5 Punkte.

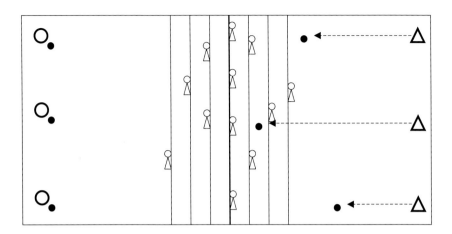

Kommentar

Dieses Spiel bezieht seinen Reiz zum einen aus der dem Kegeln verwandten Aufgabe, Keulen umzuwerfen. Zum anderen können von den Mannschaften bei jedem Spielzug andere Taktiken eingesetzt werden, um zum Spielerfolg zu kommen. Gefordert ist hier nicht nur eine *gute Treffsicherheit*, sondern auch *taktisches Verständnis*.

6   Spiele mit Stäben, Reifen und Seilen

Stäben, Reifen und Seilen wird ein eigenständiges Kapitel gewidmet, weil sie in fast jeder Halle vorhanden sind und mit ihrer Hilfe viele abwechslungsreiche und interessante Spielformen gestaltet werden können. Außerdem kann den Teilnehmenden durch einen spielerisch variablen Umgang mit unterschiedlichen Geräten exemplarisch erfahrbar gemacht werden, dass derselbe Gegenstand auf vielfältige Weise verwendet und genutzt werden kann. Dahinter steht das Ziel, solche Erfahrungen auch im alltäglichen Leben wirksam werden zu lassen, indem das Bewusstsein geweckt und bestärkt wird, dass auch der Umgang mit Dingen in der Lebenswelt veränderbar und nach eigenen Bedürfnissen gestaltbar ist.

Entsprechend werden in den folgenden Spielen die Geräte nicht in gymnastischem Sinn verwendet, sondern als Objekte in möglichst unterschiedliche Spielzusammenhänge einbezogen. Das Spektrum reicht dabei von Mannschaftsspielen und Staffeln über kooperative und Geschicklichkeitsspiele bis hin zu wahrnehmungsorientierten Spielformen.

Hündchen an der Leine

Spielaufgabe

Einen Ball mit Hilfe eines Stabes fortbewegen

Mitspieler

Die gesamte Gruppe

Geräte / Materialien

Ein Stab und ein Ball je Mitspieler

Spielbeschreibung

Alle Mitspieler halten einen Stab in den Händen und versuchen damit, den Ball fortzubewegen bzw. „ihr Hündchen spazieren zu führen".

Variationen

- Die „Hündchen" werden zwischen den Mitspielern getauscht.
- Es wird ein „Hundetrainingsplatz" mit verschiedenen Hindernissen wie Bänken, Matten, Hütchen usw. aufgebaut, über den die "Hündchen" geführt werden sollen.
- Man kann auch verschiedene Staffelspiele organisieren. Beim Wechsel werden dann immer Ball und Stab, also „Hündchen" und „Leine", übergeben.

Kommentar

Hier kommt es darauf an, möglichst viele *unterschiedliche Spielweisen* des Balles mit Hilfe des Stabes zu *erproben* und variable Spielformen daraus zu entwickeln. Durch die ungewohnte Art der Ballführung wird die Koordinationsfähigkeit besonders gefördert.

Hockey-Staffel

Spielaufgabe

Einen Wurfring zuspielen

Mitspielerinnen

Die gesamte Gruppe, aufgeteilt in zwei Mannschaften

Geräte / Materialien

Zwei Stäbe und ein Wurfring je Mannschaft

Spielbeschreibung

Die Gruppe wird in zwei Mannschaften aufgeteilt. Diese stellen sich jeweils so in Stirngassenform auf, dass die Füße der nebeneinander stehenden Mitspielerinnen miteinander Kontakt haben. Die beiden ersten Spielerinnen jeder Mannschaft stehen mit einem Fuß an der Wand. Die beiden letzten Mitspielerinnen jeder Mannschaft bekommen einen Stab. Nun wird ein Wurfring mit Hilfe der Stäbe in der Gasse von der letzten zu der ersten Mitspielerin hin und her gespielt. Die Stäbe werden dabei nach dem Abspiel zur benachbarten Mitspielerin weitergereicht. Wenn der Ring und die Stäbe die an der Wand stehenden Mitspielerinnen erreicht haben, laufen beide mit den Stäben durch die Gasse und führen dabei den Ring mit sich. Dann stellen sie sich wieder mit Fußkontakt an der Reihe an und der Transport des Ringes durch die Gasse beginnt erneut. Welche Mannschaft erreicht als erste die gegenüberliegende Wand?

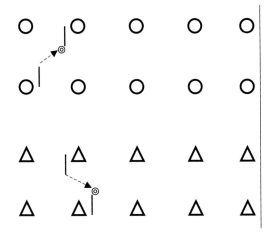

Variationen

- Alle Mitspielerinnen erhalten einen Stab und der Wurfring wird damit im Zickzack durch die Gasse geschoben.

Kommentar

Auch in dieser Staffelform werden durch die besondere Form der Aufstellung und die kurzen Laufwege *körperliche Belastungsspitzen verhindert.*

Seil-Dreibein

Spielaufgabe

Eingeschränkte Bewegungsweisen koordinieren

Mitspieler

Die gesamte Gruppe, aufgeteilt in Paare

Geräte / Materialien

Ein Seil je Paar

Spielbeschreibung

Die beiden Enden eines Seils werden jeweils in die rechte bzw. die linke Socke zweier Mitspieler gesteckt. Sie müssen nun eine bestimmte Wegstrecke bewältigen bzw. über einige Hindernisse steigen, ohne dass das Seil dabei verloren geht.

Variationen

• Je kürzer die Seilverbindung zwischen den beiden Mitspielern ist, desto schwieriger wird die Fortbewegung.

• Die Mitspieler dürfen nicht miteinander sprechen, sondern sie müssen ihre Aktionen auf andere Weise abstimmen.

Kommentar

In diesem Spiel ist eine gute Kooperationsfähigkeit bzw. ständige *Absprache und Abstimmung zwischen den Mitspielern* erforderlich. Jeder muss genau auf den anderen und dessen Absichten achten und sie für seine Bewegungen berücksichtigen. Je höher die Hindernisse sind, die überwunden werden müssen, desto schwieriger wird die gemeinsame Fortbewegung.

Spinne im Netz

Spielaufgabe

Eine Mitspielerin gemeinsam tragen

Mitspielerinnen

Die gesamte Gruppe mit mindestens acht bis zehn Mitspielerinnen

Geräte / Materialien

Ein Seil je Paar

Spielbeschreibung

Je zwei Mitspielerinnen halten ein Seil straff zwischen sich gespannt. Nun stellen sich alle zu einem Kreis auf und verspannen dabei die Seile zu einem Netz. Eine Mitspielerin setzt sich vorsichtig auf den dadurch entstehenden Knoten und wird von den anderen durch Anspannen der Seile behutsam angehoben.

Variationen

• Wenn die Mittelspielerin auf dem Knoten sich einigermaßen sicher fühlt, kann sie von den anderen leicht auf und ab bewegt, geschaukelt oder eine kurze Strecke getragen werden. Zur Absicherung sollte dabei allerdings eine Weichbodenmatte untergelegt werden.

Kommentar

Die Mitspielerinnen halten diese Aufgabe oft zunächst für nicht durchführbar, weil sie das ganze Gewicht einer Person nur mit Hilfe von Seilen tragen sollen. Um so erstaunlicher ist die Erfahrung, dass sich die *Belastung gleichmäßig über die Schnüre verteilt* und so selbst eine schwere Mitspielerin problemlos gemeinsam angehoben werden kann.

Reifenwanderung

Spielaufgabe

Sich an Laufwege erinnern

Mitspieler

Die gesamte Gruppe

Geräte / Materialien

Mehrere Reifen

Spielbeschreibung

Eine bestimmte Anzahl von Reifen wird in einer geometrischen Form (ausgefülltes Dreieck oder ausgefülltes Quadrat) auf dem Boden ausgelegt. Einer der Mitspieler gibt einen Weg von Reifen zu Reifen vor. Die Mitspielenden sollen sich diesen Laufweg genau merken und anschließend den gleichen Weg durch die Reifen nehmen.

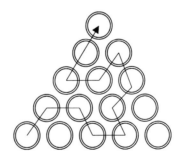

Variationen

- Die Reifen sollen in umgekehrter Reihenfolge durchlaufen werden als der Mitspieler vorgegeben hat.
- Ein Mitspieler geht kreuz und quer durch die Reifen und die anderen folgen ihm direkt nach.

- Alle Mitspieler folgen dem Führenden rückwärts gehend.
- Alle Mitspieler fassen sich an der Hand und bilden eine Kette. Der erste führt die Kette über die Reifen, ohne die Handfassung aufzugeben.
- Alle Reifen bis auf zwei werden durch Mitspieler besetzt. Ein Mitspieler soll nun, nur durch freie Reifen gehend, von einer Seite der Figur zur anderen gelangen. Die anderen müssen ihm also die Reifen in seiner Bewegungsrichtung durch Wechsel in andere Reifen freimachen. Dabei darf in jedem Reifen immer nur ein Mitspieler stehen.

Kommentar

Im Vordergrund steht bei diesem Spiel die *Entwicklung der Merkfähigkeit*. In den Variationen tritt dazu noch die *Koordination der Aktionen in der Gruppe* und die *erfolgreiche Absprache zur Lösung einer kooperativen Aufgabe*.

Doppelseil-Transport

Spielaufgabe

Gegenstände mit Hilfe von Seilen tragen

Mitspielerinnen

Die gesamte Gruppe, aufgeteilt in Paare

Geräte / Materialien

Drei Seile je Paar, Bälle, sonstige Gegenstände

Spielbeschreibung

Die Paare halten je ein Seil in der rechten und linken Hand parallel und gespannt. Ein drittes Seil wird über die beiden gespannten Seile gelegt und die Mitspielerinnen sollen dieses gemeinsam über Hindernisse transportieren.

Variationen

- Ein Ball wird auf den parallel gespannten Seilen transportiert.
- Die Paare stellen sich nebeneinander in eine Gasse und geben einen Ball vorsichtig von einem Paar zum anderen weiter.
- Andere Gegenstände wie z. B. Schuhe, Taschen, Trainingsjacken werden weitergegeben.

Kommentar

Dieses Spiel erfordert *hohe koordinative und kooperative Fähigkeiten* und eine sehr ruhige, geduldig *kontrollierte Bewegungsweise*. Meist müssen die Mitspielerinnen einige Zeit üben, bevor ihnen eine sichere Fortbewegung mit dem flexiblen Seil gelingt, das zum Transport immer gespannt gehalten werden muss.

Lastenträger

Spielaufgabe

Bewegen mit Stäben auf den Schultern

Mitspielerinnen

Die gesamte Gruppe, aufgeteilt in Paare

Geräte / Materialien

Ein Stab je Mitspielerin

Spielbeschreibung

Zwei Mitspielerinnen stellen sich hintereinander und legen sich zwei Stäbe auf ihre Schultern, die sie nicht festhalten dürfen. So bewegen sich beide durch die Halle, zunächst geradlinig, dann in Kurven, über Hindernisse usw. Die Stäbe sollen dabei nicht herunterfallen.

Kommentar

Behutsames gemeinsames Bewegen und genaue Abstimmung der Bewegungen sind die Voraussetzungen für das Gelingen dieses Spiels.

Ringschießen

Spielaufgabe

Treffen von Zielen mit Stab und Ring

Mitspieler

Die gesamte Gruppe, aufgeteilt in zwei Mannschaften

Geräte / Materialien

Ein Stab und ein Wurfring je Mitspieler

Spielbeschreibung

Innerhalb eines Spielfeldes werden eine Grundlinie und drei Zielzonen festgelegt. Jeder Zone werden je nach Entfernung unterschiedlich hohe Punktwerte zugeteilt.
Die Gruppe wird in zwei Mannschaften eingeteilt und jeder Mitspieler erhält einen Stab und einen Wurfring. Die Mitspieler der beiden Mannschaften schießen immer abwechselnd ihre Wurfringe mit dem Stab von der Grundlinie aus. Dabei versuchen sie, ihre Wurfringe in Zielzonen mit möglichst hohem Punktwert zu platzieren. Ziel ist es, je Mannschaft möglichst viele Punkte zu erzielen.

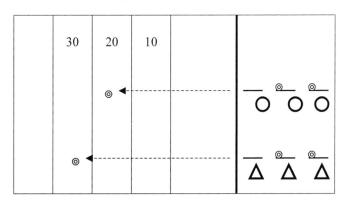

Variationen

- Es werden sechs Zielzonen eingeteilt. Aufgabe jeder Mannschaft ist es nun, je einen Ring in jeder Zielzone zu platzieren. Wenn alle Mitspielenden ihren Ring geschossen haben, wird gezählt, welche Mannschaft die meisten Zielzonen besetzt hat. Mehrere Treffer pro Zielzone werden nur einmal gewertet.
- Es wird wieder mit sechs Zielzonen gespielt. Nun werden nach dem ersten Durchgang alle verschossenen Ringe wieder eingesammelt und es wird so lange weitergespielt, bis eine Mannschaft alle Zielzonen besetzt hat.

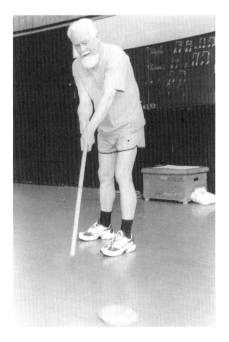

Kommentar

Geschicklichkeit und Treffsicherheit sind in diesem Zielschussspiel gefordert. Ein besonderer Reiz dieser Spielform liegt darin, dass sich das *Mannschaftsergebnis aus der Addition der Einzelleistungen* ergibt.

7   Spiele mit dem Gleichgewicht

Mit zunehmendem Alter werden Umweltsituationen, die besondere Anforderungen an das Gleichgewicht stellen, oftmals als belastend und ihre Bewältigung als schwierig empfunden. Ein wichtiger Grund liegt darin, dass die entsprechenden koordinativen Fähigkeiten im Alternsverlauf abnehmen und zudem im Alltagsleben wenig Situationen existieren, in denen die Balancier- und Gleichgewichtsfähigkeit herausgefordert wären oder geübt werden könnten.

Deshalb werden hier in einem gesonderten Kapitel Spielformen aufgeführt, in denen das Balance-Halten mit Sicherung durch Mitspielende, das Halten des Gleichgewichts auf kleiner Fläche, das Balancieren auf schmalen, wackligen Untergründen und das Balancieren von Gegenständen im Mittelpunkt stehen.

Dabei geht es nicht nur um die Schulung gleichgewichtsrelevanter Aspekte der Bewegungskoordination, sondern auch um elementare Bewegungserfahrungen mit dem Gleichgewicht, die im Alltag kaum mehr möglich sind. Für viele der Älteren stellen sie eine persönliche Herausforderung dar und sind mit besonderen Erlebnisqualitäten verbunden.

Aus dem Gleichgewicht

Spielaufgabe

Bewegungen auf kleiner Standfläche nachahmen

Mitspieler

Die gesamte Gruppe

Geräte / Materialien

Zeitungen

Spielbeschreibung

Alle Mitspieler erhalten ein Zeitungsblatt. Das Blatt wird zu einer so kleinen Fläche zusammengefaltet, dass man gerade noch darauf stehen kann. Jeder Mitspieler stellt sich auf sein Zeitungsblatt.
Der Spielleiter stellt sich vor die Gruppe und macht Bewegungsformen vor, die die Mitspieler genau nachmachen müssen. Dabei werden die Bewegungsformen immer schwieriger. Aufgabe ist es, trotz exakter Bewegungsimitation nicht aus dem Gleichgewicht zu geraten. Wer sein Gleichgewicht nicht halten kann und neben die Zeitung auf den Boden tritt, darf als nächster Bewegungen vormachen.

Kommentar

In diesem Spiel sollen die Mitspielenden dazu gebracht werden, *die Grenzen ihrer Gleichgewichtsfähigkeit auszutesten.* Die Nachahmung komplexer Bewegungsformen wird dadurch erschwert, dass die Standfläche auf einen kleinen Raum reduziert wird.

Floßkette

Spielaufgabe

Auf Zeitungen fortbewegen

Mitspielerinnen

Die gesamte Gruppe, aufgeteilt in zwei Mannschaften

Geräte / Materialien

Zeitungen, Teppichfliesen oder Bierdeckel

Spielbeschreibung

Die Gruppe wird in zwei gleich starke Mannschaften aufgeteilt. Jede Mannschaft erhält pro Mitspielerin ein Zeitungsblatt und ein zusätzliches Zeitungsblatt pro Mannschaft.

Die Spielerinnen jeder Mannschaft stellen sich in einer Reihe hintereinander auf ihr Zeitungsblatt. Das zusätzliche Zeitungsblatt liegt hinter der letzten Mitspielerin der Reihe. Nun muss die Mannschaft versuchen, sich nur mit Hilfe ihrer „Flöße" durch das „Wasser", die Halle, zu bewegen. Dazu führt die letzte Mitspielerin das überzählige Zeitungsblatt mit dem rechten Fuß zur Mitspielerin vor ihr, die es zur folgenden Spielerin weiterschiebt. Wenn das Zeitungsblatt die vorderste Spielerin erreicht hat, schiebt diese das „Floß" vor sich und stellt sich darauf. Die anderen Spielerinnen bewegen sich ebenfalls ein „Floß" nach vorne. Nach dem gleichen Prinzip wird das nächste Floß mit dem linken Fuß von hinten nach vorne bewegt. Das Spiel ist beendet, wenn die erste Mannschaft das „Ufer" erreicht hat.

Variationen

- Statt der Zeitungsblätter werden je Fuß eine Teppichfliese oder ein Bierdeckel als „Flöße" verwendet. Die beiden leeren Teppichfliesen oder Bierdeckel müssen dann nacheinander nach vorne geschoben werden.

Kommentar

Bei diesem Spiel wird in spielerischer Form die Gleichgewichtsfähigkeit bei Bewegungen mit einem Stand- und einem Spielbein trainiert, ohne dass die Belastungsphase auf dem Standbein zu lange dauert. Zusätzlich erschwert wird diese Aufgabe dadurch, dass sowohl Zeitungsblätter als auch Bierdeckel auf dem Hallenboden rutschen können. Deshalb ist der Hinweis wichtig, dass *genaue Bewegungsausführung Vorrang vor Bewegungsschnelligkeit* hat. Sollten sich sehr unsichere Mitspielerinnen in der Gruppe befinden, sollte die Spielform nicht als Staffel, sondern als Geschicklichkeitsspiel mit der gesamten Gruppe ausgeführt werden.

Kippende Brücke

Spielaufgabe

Über eine kippende Bank balancieren

Mitspieler

Die gesamte Gruppe

Geräte / Materialien

Zwei Bänke, zwei Matten

Spielbeschreibung

Eine Bank wird mit der Oberseite nach unten quer über eine umgedrehte, mit der Unterseite nach oben liegende Bank aufgelegt, so dass sich eine schräge Ebene ergibt. Unter die aufgelegte Bank werden Matten gelegt.

Die Mitspieler balancieren über diese „kippende Brücke", die beim Überqueren des Mittelpunktes zur anderen Seite kippt. Dabei darf sich immer nur ein Mitspieler auf der Bank befinden.

Kommentar

Das Überqueren einer Wippe stellt hohe Anforderungen an die Gleichgewichtsfähigkeit, da nicht nur auf einer schmalen Unterstützungsfläche balanciert wird, sondern diese zudem durch die Gewichtsverlagerung bewegt wird. Es empfiehlt sich, *einen Mitspieler neben der Bank hergehen zu lassen, der dem Balancierenden bei Bedarf Hilfestellung gibt oder ihn während der gesamten Überquerung mit Handfassung sichert.*

Storch im Salat

Spielaufgabe

Einen Parcours absolvieren

Mitspielerinnen

Die gesamte Gruppe

Geräte / Materialien

Bänke, Seile, Wurfringe, Bierdeckel, Markierungshütchen

Spielbeschreibung

Es wird ein Hindernisparcours aufgebaut: Zwei Seile werden einen Fuß breit nebeneinander gelegt. Dahinter werden in engem Abstand abwechselnd Pylonen und Wurfringe hintereinander aufgestellt. Eine Bank wird mit der Unterseite nach oben gedreht und dahinter werden Bierdeckel in einigem Abstand voneinander auf dem Boden verteilt.

Die Mitspielerinnen sollen den Parcours absolvieren, ohne aus dem Gleichgewicht zu geraten: Die Seilgasse soll durchquert werden, ohne dass daneben getreten wird. Über die Pylonen hinweg soll von einem Wurfring in den nächsten gestiegen werden. Die umgedrehte Bank dient als schmaler Steg, über den balanciert wird. Die Bierdeckel werden als Trittsteine genutzt, ohne den Hallenboden zu berühren.

Der Parcours kann je nach vorhandenen Materialien ergänzt oder abgewandelt werden.

Kommentar

Die abwechslungsreiche Gestaltung eines Parcours, der aus verschiedenen Situationen mit kleinen Trittflächen besteht, verlangt von den Mitspielenden, sich *ständig neu auf unterschiedliche Herausforderungen an die Gleichgewichtsfähigkeit einzustellen.*

Gebirgswanderung

Spielaufgabe

Über Bänke und Kästen die Halle durchqueren

Mitspieler

Die gesamte Gruppe

Geräte / Materialien

Bänke, Kästen, kleine Kästen

Spielbeschreibung

Bänke, Kästen mit ein oder zwei Kastenteilen, Kastenoberteile und kleine Kästen werden so in der Halle verteilt, dass sie überquert werden können, ohne dass der Boden dazwischen berührt werden muss. Über diese „Gebirgslandschaft" versucht nun die Gruppe durch die Halle zu gelangen, ohne dass ein Mitspieler in eine „Gletscherspalte" tritt oder in eine „Schlucht" stürzt. Die Mitspieler dürfen sich beim „Klettern" gegenseitig unterstützen und sichern.

Variationen

Gegenverkehr
- Die Gruppe wird geteilt. Die Gruppen müssen ihre „Kletterpartie" von der jeweils entgegengesetzten Seite des „Gebirges" bewältigen und aneinander vorbei zur anderen Seite gelangen.

Seilschaft
- Die Mitspieler sind bei der „Gebirgswanderung" mit Seilen verbunden, die sie in den Händen halten.

Sherpas
- Während der „Gebirgswanderung" werden Gegenstände wie Bälle, Taschen oder Kleidungsstücke transportiert.

Verlorenes Gut
- Jeder Mitspieler muss während seiner Wanderung eine bestimmte Anzahl von auf dem Boden verteilten Bierdeckeln aufsammeln. Dabei muss darauf hingewiesen werden, dass beim Bücken in die Hocke gegangen werden soll, um einerseits den Rücken möglichst gerade zu halten und vor allem den Kopf nicht unterhalb des Körperschwerpunktes abzusenken.

Kommentar

Dieses Spiel erhält seine Spannung aus der Aufgabe, sich ohne Bodenkontakt durch die Halle zu bewegen. Zudem kann der *Schwierigkeitsgrad* durch die verschiedenen Variationen *adäquat an die Fähigkeiten der Mitspielenden angepass*t werden.

8   Spiele ohne zu sehen

Für die Spiele in diesem Kapitel ist die Grundidee leitend, den ansonsten dominierenden Sehsinn auszublenden, so dass die Mitspielenden sich auf andere
Weise orientieren und bei Bewegungsaufgaben den Tast- oder Hörsinn einset-
zen müssen. Bei der Lösung der Spielaufgaben werden so Sinne aktiviert, die
normalerweise kaum bewusst genutzt werden, und andere als die gewohnten
Verständigungsformen entwickelt. Es geht immer wieder darum, feine Unterschiede über Tasten und Hören wahrzunehmen und entsprechend darauf zu reagieren.

Zu Beginn sollte ohne Zeitdruck die Möglichkeit zur intensiven Auseinandersetzung mit diesen Formen des Wahrnehmens eröffnet werden. Spiele mit Wettkampfcharakter sollten erst dann eingeführt werden, wenn diese Wahrneh-
mungsfähigkeiten gut entwickelt sind und sich eine Grundsicherheit im „blinden" Bewegen eingestellt hat.

Die Orientierung im Raum mit geschlossenen Augen bleibt ungewohnt und
birgt Verletzungsgefahren. Diese können weitgehend ausgeschaltet werden,
wenn die Teilnehmenden auf Gefahren hingewiesen werden und ihnen emp-
fohlen wird, sich langsam und tastend zu bewegen. Außerdem ist es sinnvoll,
wenn sie sich beim Gehen mit angewinkelten Armen und nach vorne gehaltenen
Händen schützen. Bei manchen Spielen kann man zunächst paarweise arbeiten,
wobei ein Partner als „Beschützer" die Augen offen hält.

Geldfühlkreis

Spielaufgabe

Geldstücke blind ertasten

Mitspieler

Die gesamte Gruppe, aufgeteilt in zwei Gruppen

Geräte / Materialien

Verschiedene Geldstücke

Spielbeschreibung

Die Mitspieler der zwei Gruppen stellen sich jeweils auf einer Kreislinie auf und schließen die Augen. Der Spielleiter gibt jeweils einem Mitspieler der beiden Kreise nacheinander mehrere Geldstücke in die Hand. Jeder Kreis erhält die gleichen Geldstücke. Der erste Mitspieler versucht zu erfühlen, welches Geldstück er jeweils erhalten hat, und gibt es dann an den nächsten weiter. Jeder Mitspieler versucht, die Geldstücke zu erfühlen und die Summe aller Geldstücke zu ermitteln. Wenn alle Geldstücke durchgegeben worden sind, soll sich die Gruppe auf eine Summe einigen. Welche Gruppe kommt der tatsächlichen Summe am nächsten?

Kommentar

In diesem Spiel müssen *feinste Tastqualitäten* unterschieden werden. Die Einbindung in einen Wettkampf macht diese Aufgabe spannender.

Klangrichtung

Spielaufgabe

Mit Hilfe von Geräuschen durch die Halle bewegen

Mitspielerinnen

Die gesamte Gruppe

Geräte / Materialien

Vier unterschiedliche Klangquellen wie Tamburin, Glocke, mit Bohnen oder Steinen gefüllte Dose, Papier zum Rascheln oder Ähnliches.

Spielbeschreibung

In jede Ecke der Halle stellt sich eine Mitspielerin mit einer Klangquelle. Jedem Geräusch wird eine Bewegungsrichtung zugeordnet: Glockenklang bedeutet vorwärts, Tamburinschlag rückwärts, Rasseln links, Papierrascheln rechts. Die restlichen Mitspielerinnen stellen sich mit dem Rücken zueinander in einem Kreis in die Mitte der Halle und schließen die Augen. Die Spielleiterin übernimmt die Rolle der „Dirigentin": Auf ihr Zeichen hin erzeugen die aufgeforderten Mitspielerinnen in den Hallenecken ihr Geräusch und lenken so die „blinden" Mitspielerinnen durch die Halle. Nach einer bestimmten Zeit werden die Rollen getauscht.

Kommentar

Hier wird die Aufgabe, *Geräusche genau wahrzunehmen*, mit einer *Gedächtnisleistung* verbunden.

Geräusch-Lotsen

Spielaufgabe

Mit geschlossenen Augen seinen Partner am vereinbarten Geräusch erkennen

Mitspieler

Die gesamte Gruppe, aufgeteilt in Paare

Geräte / Materialien

Keine

Spielbeschreibung

Die Gruppe teilt sich in Paare auf. Jedes Paar vereinbart miteinander ein bestimmtes Geräusch. Nun
stellt sich ein Partner mit dem Gesicht zur Wand
und schließt die Augen. Der andere Partner stellt
sich im Abstand von fünf bis sechs Metern von ihm
entfernt in der Halle auf. Auf ein Signal des Spielleiters drehen sich die Partner mit den geschlossenen Augen um. Die anderen Partner versuchen, sie
mit Hilfe des vereinbarten Geräusches durch die
Halle zu sich zu lotsen. Spielleiter und sehende
Partner achten darauf, dass keine „blinden" Mitspieler zusammenstoßen. Wenn alle Paare sich gefunden haben, tauschen die Partner die Rollen.

Kommentar

In diesem Spiel wird die Orientierung mit Hilfe des
Hörsinns geschult, indem die Mitspieler sich *in einem allgemeinen Geräuschpegel auf ein bestimmtes
Geräusch konzentrieren* und so ihren Weg finden
müssen.

Blindklatschen

Spielaufgabe

Mit geschlossenen Augen nach einer Bewegungsfolge wieder die Ausgangsposition einnehmen

Mitspieler

Die gesamte Gruppe

Geräte / Materialien

Keine

Spielbeschreibung

Alle Mitspieler stellen sich in einen Kreis und legen
mit erhobenen Armen die Handflächen auf die ihrer
benachbarten Mitspieler. Alle schließen die Augen.
Nun werden in mehreren Durchgängen unter anstei-
gendem Schwierigkeitsgrad Bewegungen mit der
Nennung von Zahlen verbunden. Dabei werden mit
der letzten Zahl immer wieder die Handflächen der
benachbarten Mitspieler aufeinander geklatscht.
Immer wenn eine Bewegungsfolge gut sitzt, sollte
mit dem nächsten Durchgang der Schwierigkeitsgrad gesteigert werden. Zwischen jedem Durchgang
sollten die Mitspieler kurz die Augen öffnen dürfen.

- *Eins*: Jeder Mitspieler klatscht vor dem Körper in die Hände. *Zwei*: Die Handflächen der benachbarten Mitspieler klatschen aufeinander.

- *Eins*: Jeder Mitspieler klatscht vor dem Körper in die Hände. *Zwei*: Jeder Mitspieler klatscht mit beiden Händen auf seine Oberschenkel. *Drei*: Die Handflächen der benachbarten Mitspieler klatschen aufeinander.

- *Eins*: Jeder Mitspieler klatscht vor dem Körper in die Hände. *Zwei*: Jeder Mitspieler klatscht mit beiden Händen auf seine Oberschenkel. *Drei*: Jeder Mitspieler klatscht über dem Kopf in die Hände. *Vier*: Die Handflächen der benachbarten Mitspieler klatschen aufeinander.

- *Eins*: Jeder Mitspieler klatscht vor dem Körper in die Hände. *Zwei*: Jeder Mitspieler klatscht mit beiden Händen auf seine Oberschenkel. *Drei*: Jeder Mitspieler klatscht über dem Kopf in die Hände. *Vier*: Jeder Mitspieler dreht sich rechts herum einmal um die eigene Achse. *Fünf*: Die Handflächen der benachbarten Mitspieler klatschen aufeinander.

Diese mit Zahlen verbundene Bewegungsfolge kann gemeinsam mit der Gruppe beliebig erweitert werden. Bis zu welcher Anzahl von Bewegungsformen gelingt die Ausführung fehlerfrei?

Kommentar

Das *Merken einer mit Zahlen verknüpften Bewegungsfolge* erhält besonderen Reiz durch die zusätzliche Aufgabe, immer wieder die Hände der benachbarten Mitspieler zu finden. Es ist für die Gruppe spannend zu erleben, dass diese Aufgabe trotz geschlossener Augen gelöst werden kann.

Reaktionsprobe

Spielaufgabe

Einen Ball reaktionsschnell fangen

Mitspielerinnen

Die gesamte Gruppe, aufgeteilt in Paare

Geräte / Materialien

Ein Ball je Paar

Spielbeschreibung

Die Mitspielerinnen finden sich zu Paaren zusammen. Eine Mitspielerin bekommt einen Ball, die andere schließt die Augen. Nun lässt die Ballbesitzerin den Ball fallen. Beim Aufprellen des Balles soll ihre Partnerin die Augen öffnen und versuchen, den Ball zu fangen, bevor er wieder zu Boden fällt.

Kommentar

Neben der *Konzentration auf ein Geräusch* muss hier ein Ball *schnell wahrgenommen* und auf dessen Bewegung so reagiert werden, dass er gefangen wird.

Gedächtnisorientierung

Spielaufgabe

Aus dem Gedächtnis mit geschlossenen Augen einen Weg finden

Mitspielerinnen

Die gesamte Gruppe, aufgeteilt in Paare

Geräte / Materialien

Verschiedene Hindernisse wie kleine Kästen, Medizinbälle, Pylonen

Spielbeschreibung

Die Gruppe teilt sich in Paare auf. In der Halle werden einige Hindernisse aufgestellt. Alle Mitspielerinnen sollen sich die Standorte der Hindernisse genau merken.

Nun versucht eine der Partnerinnen mit geschlossenen Augen von einer Seite der Halle zur anderen zu gelangen, ohne dabei an Hindernisse zu stoßen. Die andere begleitet sie und greift ein, wenn die „blinde" Mitspielerin einem Hindernis oder einer anderen Mitspielerin zu nahe kommt. Wenn die Paare die andere Seite der Halle erreicht haben, werden die Rollen getauscht.

Kommentar

Bei dieser Spielform geht es darum, sich vor dem Durchqueren der Halle *einen Weg bzw. Hindernisse im Raum einzuprägen.* Durch die Begleitung einer sehenden Mitspielerin kann man sich auf diesen Prozess des „blinden" Orientierens im Raum trotz der Hindernisse angstfrei einlassen.

Fluglotsen

Spielaufgabe

Finden einer Wegstrecke mit Unterstützung durch Geräusche

Mitspielerinnen

Die gesamte Gruppe

Geräte / Materialien

Seile

Spielbeschreibung

Gemeinsam wird eine Wegstrecke durch die Halle festgelegt, deren Verlauf mit Seilen angedeutet wird. Ein Mitspieler wird an den Beginn der Wegstrecke gestellt und schließt die Augen. Die übrigen Mitspieler stellen sich an den Seiten der Halle auf und sind die „Fluglotsen". Nun geht der Mitspieler mit geschlossenen Augen langsam los und versucht, in einem „Nachtflug" die vorher festgelegte Wegstrecke nachzuvollziehen. Die Fluglotsen unterstützen ihn dabei, indem sie seinen Weg mit Summtönen begleiten. Summen alle laut und hoch, dann ist er auf dem richtigen Weg. Wird das Summen leiser und tiefer, dann kommt er vom Weg ab. Verstummt das Summen, so geht er völlig falsch. Hat er das Ziel erreicht, klatschen alle in die Hände und der Nächste begibt sich auf den nächsten Nachtflug.

Kommentar

Hier stellt *die Verknüpfung des Raumgedächtnisses mit der akustisch unterstützten Orientierung im Raum* mit geschlossenen Augen die Herausforderung dar.

Geräuscheraten

Spielaufgabe

Gegenstände an typischen Geräuschen erkennen

Mitspielerinnen

Die gesamte Gruppe

Geräte / Materialien

Verschiedene Gegenstände

Spielbeschreibung

Alle Mitspielerinnen sitzen oder stehen auf einer Kreislinie, in deren Mitte verschiedene „klingende" Gegenstände liegen, und schließen die Augen.
Eine Mitspielerin wird von der Spielleiterin berührt. Sie geht daraufhin in die Kreismitte und bewegt einen beliebigen Gegenstand oder klopft auf ihn. Danach stellt sie sich wieder in den Kreis zurück. Die übrigen Mitspielerinnen sollen den Gegenstand erraten. Dann berührt die Spielleiterin die nächste Mitspielerin, die mit einem weiteren Gegenstand Geräusche macht.

Variationen

Stimmenraten

- Eine Mitspielerin soll anhand ihrer Stimme erkannt werden. Dazu berührt die Spielleiterin eine Mitspielerin aus dem Kreis, die in die Mitte geht und irgendein Wort sagt. Wird die Mitspielerin nicht erraten, sagt sie zwei Worte und dann solange immer ein weiteres Wort, bis die Mitspielerinnen erraten, um wen es sich handelt.
- Alle Mitspielerinnen verteilen sich im Raum. Eine von Ihnen schließt die Augen und geht vorsichtig herum. Berührt sie eine andere Mitspielerin, soll diese ein beliebiges Wort sagen. Dabei darf sie ihre Stimme verstellen. Errät die „blinde" Mitspielerin ihr Gegenüber, so vertauschen sie die Rollen.

Kommentar

In diesem Spiel wird die Fähigkeit zum genauen Hinhören geschult. Dabei wird klar, dass *der Hörsinn durch das Ausschalten des Sehens bewusst geübt werden kann.*

Postengang

Spielaufgabe

Mit geschlossenen Augen von Mitspielerin zu Mitspielerin geleitet werden

Mitspielerinnen

Die gesamte Gruppe

Geräte / Materialien

Keine

Spielbeschreibung

Eine Mitspielerin schließt die Augen. Alle anderen Mitspielerinnen verteilen sich als „Posten" in der Halle. Die Spielleiterin richtet die „blinde" Mitspielerin in Richtung des ersten Postens aus und sagt ihr, wieviele Schritte sie bis dorthin schätzungsweise zu gehen hat. Hat sie den ersten Posten erreicht, wird sie in Richtung der nächsten Mitspielerin ausgerichtet und bekommt eine neue Schrittangabe. Stimmt die Schrittschätzung nicht mit den tatsächlichen Schritten der „blinden" Mitspielerin überein, dürfen die Posten sie mit genauen Angaben („noch einen halben Schritt", „einen Schritt zurück") zu sich leiten. Ist die „blinde" Mitspielerin beim letzten Posten angekommen, soll sie raten, an welcher Stelle der Halle sie sich befindet, bevor sie die Augen öffnet. Dann übernimmt eine andere Spielerin die Rolle der Postengängerin.

Kommentar

Bei diesem Spiel sind zwei Aufgaben miteinander verknüpft. Zum einen soll die Gruppe über *möglichst genaue Richtungs- und Entfernungsangaben* die Postengängerin sicher leiten. Deren Aufgabe ist es, *auch nach mehreren Richtungswechseln die Raumorientierung zu behalten*.

Schatzsuche

Spielaufgabe

Mit Hilfe eines Stabes einen Gegenstand mit geschlossenen Augen ertasten

Mitspielerinnen

Die gesamte Gruppe

Geräte / Materialien

Ein Stab, ein kleiner Gegenstand

Spielbeschreibung

Die Mitspielerinnen stellen sich auf einer großen Kreislinie auf. Eine Mitspielerin geht als „Schatzsucherin" in die Mitte und erhält einen Stab zum Tasten. Nun wird ein kleiner Gegenstand, z. B. ein Schlüsselbund, ein Bonbon oder ein zusammengeknotetes Taschentuch, irgendwo in den Kreis gelegt. Die Schatzsucherin muss mit Hilfe des Stabes den Gegenstand ertasten. Dabei wird sie von den Mitspielerinnen im Kreis unterstützt, indem diese wie ein Detektorgerät Pieptöne von sich geben. Diese werden schneller, je näher die Schatzsucherin dem „Schatz" kommt. Berührt der Stab den Schatz, gehen die Pieptöne in einen Dauerton über. Hat sie den Schatz gefunden, übernimmt eine andere Mitspielerin die Rolle der Schatzsucherin.

Kommentar

Diese Variante des bekannten Kinderspiels „Topfschlagen" ist gut dazu geeignet, die *Orientierung im Raum mit Hilfe von taktiler und auditiver Unterstützung* zu schulen.

Blindenball

Spielaufgabe

Den rollenden Ball mit geschlossenen Augen wahrnehmen und abfangen

Mitspieler

Die gesamte Gruppe, aufgeteilt in zwei Mannschaften

Geräte / Materialien

Ein Noppen- oder Klingelball

Spielbeschreibung

Die Gruppe wird in zwei Mannschaften aufgeteilt.
Diese setzen sich auf zwei Linien im Abstand von
ungefähr vier bis fünf Metern einander gegenüber.
Nun schließen alle Mitspielenden die Augen.
Aufgabe ist es, den Ball über die Linie der anderen
Mannschaft zu rollen. Diese hört konzentriert auf
das Geräusch des rollenden Balles und versucht zu
verhindern, dass er ihre Linie überquert. Jeder Spie-
ler ist dabei aus Sicherheitsgründen für den Raum
rechts von sich verantwortlich.
Der Spielleiter zählt die Punkte der jeweiligen
Mannschaft und reicht den Ball an.

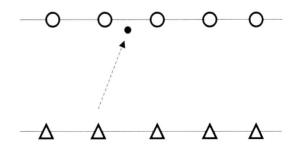

Kommentar

Dieses Spiel ist eine offizielle Wettkampfform im
Blindensport. Für Sehende ist es eine *spannende Erfahrung, dass ein konkurrenzorientiertes Mannschaftsspiel nur mit Hilfe des Hörsinnes durchgeführt werden kann.*

Blindenführerin

Spielaufgabe

Mit Unterstützung einer Mitspielenden mit geschlossenen Augen verschiedene Aufgaben erfüllen

Mitspielerinnen

Die gesamte Gruppe, aufgeteilt in Paare

Geräte / Materialien

Kleine Kästen, Bälle, Stäbe

Spielbeschreibung

Die Gruppe teilt sich in Paare auf. Eine Mitspielerin
schließt die Augen, erhält einen Ball und soll diesen
nun mit Unterstützung ihrer Partnerin zu einem um-
gedrehten kleinen Kasten tragen und dort hineinle-
gen. Dabei soll die Mitspielerin möglichst exakte
mündliche Hinweise geben und besonders darauf
achten, dass andere Mitspielende nicht behindert
werden. Nach Erfüllen der Aufgabe wird gewechselt.

Variationen

• Mit Keulen, Bällen und Markierungshütchen wird
  ein kleiner Parcours aufgebaut. Die Mitspielerinnen mit geschlossenen Augen erhalten einen Stab.
  Eine nach der anderen soll nun mit der Spitze des
  Stabes auf dem Boden die Hindernisse umfahren,
  ohne sie zu berühren oder umzuwerfen. Dabei
  werden sie von ihren Partnerinnen mit mündli-
  chen Hinweisen geleitet.

Kommentar

In diesem Spiel wird deutlich, wie schwierig es sein
kann, so *exakte Hinweise* zu geben, dass die Partnerin sich *korrekt orientieren* kann.

9   Spiele für das Gedächtnis

Kapazitäre Einschränkungen von Gedächtnisleistungen lassen sich nicht allein durch alternsbedingte Veränderungen des Gehirns erklären, da dieses über eine ausreichende Plastizität verfügt, um Alternsprozesse aufzufangen und zu kompensieren. Allerdings stellen sich vielen Älteren nach dem Ausscheiden aus dem Beruf oder dem Auszug der Kinder aus dem Haushalt immer weniger geistige Anforderungen. Diese Situation eines länger dauernden Nichtgebrauchs kann dazu führen, dass die geistige Leistungsfähigkeit abnimmt. Stellen sich Menschen auch im Alter Herausforderungen, die sie dazu veranlassen, ihre geistigen Kapazitäten zu nutzen, um Probleme zu lösen, neue Erfahrungen zu sammeln und ihre Fähigkeiten stetig zu erweitern, dann unterliegen diese keinem merklichen Abbau.

Für den Erhalt der Gedächtnis- und Behaltensleistungen sind in der Zwischenzeit eine Vielzahl unterschiedlicher Trainingsprogramme entwickelt worden. In diesem Kapitel sind speziell Spielformen zusammengestellt, die durch einen ständigen Wechsel von Spannungsaufbau und Spannungsreduktion eine optimale Aktivierung, geistige Anregung und Aufmerksamkeitszentrierung hervorrufen. In den folgenden Spielen werden Rahmen gesetzt, in denen Wort-, Ort-, Bild-, Farb-, Rhythmus- und Bewegungsgedächtnisleistungen erbracht werden müssen. Einige der Spiele haben den Charakter von Kim-Spielen, in denen Gegenstände oder Bewegungen gemerkt und hinterher erinnert oder nachgeahmt werden sollen.

Zeitspiegel

Spielaufgabe

Bewegungen verzögert nachahmen

Mitspielerinnen

Die gesamte Gruppe

Geräte / Materialien

Keine

Spielbeschreibung

Alle Mitspielerinnen gehen frei durch den Raum. Die Spielleiterin macht eine Bewegung oder Geste vor, die sich alle merken müssen. In dem Moment, in dem sie mit einer neuen Bewegung beginnt, ahmen alle Mitspielerinnen die vorher gezeigte Bewegung nach. Aufgabe ist es, bei jedem Wechsel der gezeigten Bewegung die vorhergehende Bewegung nachzuahmen. Wer dabei einen Fehler macht, übernimmt die Rolle der Spielleiterin.

Kommentar

Es ist oft der Fall, dass sich in den Bewegungsstunden ein Repertoire an Übungen einspielt, dem kaum mehr bewusste Aufmerksamkeit gewidmet wird. Sie werden fast automatisiert vorgemacht und nachgeahmt. In diesem Spiel wird dieser eingeschliffene Vorgang gezielt aufgebrochen, indem Übungen zeitlich versetzt wiederholt werden. Dies mag auf den ersten Blick relativ einfach erscheinen, verlangt den Mitspielenden jedoch *hohe Konzentration und schnell aufeinander folgende Merkleistungen* ab.

Farb-Bewegungs-Palette

Spielaufgabe

Verschiedene Fortbewegungsweisen über Farben lenken

Mitspieler

Die gesamte Gruppe

Geräte / Materialien

Keine

Spielbeschreibung

Der Spielleiter sagt an, welche Farben mit bestimmten Gehweisen verbunden sind, also z. B. „blau - rückwärts", „rot - seitwärts", „grün - hinkend", „gelb - langsam", „schwarz - stop". Alle Mitspieler gehen durch den Raum und nehmen auf Ansage des Spielleiters hin die entsprechende Bewegungsweise auf. Die Bewegungsformen der gesamten Gruppe werden so über Farben gelenkt.

Variationen

- Jeder Mitspieler darf, wann immer er will, eine der Farben nennen und dadurch die Bewegungsweise der gesamten Gruppe bestimmen.
- Nur Mitspieler, die Kleidungsstücke in einer bestimmten Farbe tragen, bewegen sich in der entsprechenden Bewegungsweise, die mit der angesagten Farbe verbunden ist. Die anderen bleiben bei der bisherigen Fortbewegungsart.
- Die Farben werden nicht mehr angesagt, sondern der Spielleiter hält farbige Gegenstände hoch.

Kommentar

Diese Verknüpfung von Farben und Bewegungsarten verlangt von den Mitspielern eine *ausgeprägte Merkfähigkeit.*

Sonne-Regen-Schnee

Spielaufgabe

Bei bestimmten Ansagen Bewegungen ausführen

Mitspieler

Die gesamte Gruppe

Geräte / Materialien

Je Mitspieler ein Ball

Spielbeschreibung

Alle Mitspieler stehen auf einer Kreislinie. Jeder erhält einen Ball. Nun werden die Bälle auf Ansage des Spielleiters weitergegeben. Bei „Regen" werden die Bälle zum rechten Nachbarn weitergereicht, bei „Schnee" zum linken, bei „Sonne" behält man den Ball.

Variationen

- Wenn die Gruppe die drei Bewegungsvarianten fließend und ohne Fehler beherrscht, können immer mehr hinzugefügt werden:
  Bei „Hagel" wird der Ball einmal aufgeprellt und dann wieder aufgefangen;
  bei „Sturm" wird der Ball in die Luft geworfen und wieder gefangen;
  bei „Wirbelsturm" lässt man den Ball einmal um den Körper kreisen.

Kommentar

Diese Spielform erscheint auf den ersten Blick sehr einfach. Die Erfahrung zeigt allerdings, *dass bereits bei drei Begriffen viele Mitspieler die Bewegungsformen durcheinander bringen.* Häufig kann man beobachten, dass sich Einzelne an den Bewegungen benachbarter oder gegenüberstehender Mitspieler orientieren und deren Fehler mit übernehmen.

Kleider-Kim

Spielaufgabe

Veränderungen in der Kleidung der Mitspielerinnen wahrnehmen

Mitspielerinnen

Die gesamte Gruppe, aufgeteilt in zwei Gruppen

Geräte / Materialien

Verschiedene Kleidungsstücke

Spielbeschreibung

Die Gruppe wird in zwei Hälften aufgeteilt. Jede Mitspielerin der einen Hälfte bekommt jeweils ein zusätzliches Kleidungsstück wie Handschuhe, Krawatte, Hosenträger, Spazierstock, Hut, Haarreif, Fliege, Weste usw. Die andere Hälfte der Gruppe prägt sich die Verkleidungen der Mitspielerinnen eine festgelegte Zeit lang ein. Dann drehen sie sich um und schließen die Augen, während die verkleideten Mitspielerinnen ihre Kleidungsstücke austauschen. Aufgabe für die andere Hälfte der Gruppe ist es nun, die Veränderungen zu entdecken und den alten Zustand wieder herzustellen. Ist dies gelöst, tauschen die Gruppen die Rollen.

Variationen

- Es werden keine zusätzlichen Kleidungsstücke benutzt, sondern während die beobachtende Gruppe sich umdreht, tauscht die andere Gruppe Kleidungsstücke aus oder verändert Kleinigkeiten an der Kleidung, z. B. Kragen umschlagen, Schnürsenkel öffnen, Reißverschluss verändern, Ärmel hochkrempeln.

Kommentar

In Kim-Spielen geht es darum, sich eine Anzahl von Gegenständen einzuprägen und danach möglichst viele aus dem Gedächtnis zu benennen. Diese Spielform *verbindet die Idee der Kim-Spiele mit der genauen Beobachtung der Mitspielenden.*

Rhythmisches Telegramm

Spielaufgabe

Korrektes Weitergeben einer Rhythmusfolge

Mitspielerinnen

Die gesamte Gruppe

Geräte / Materialien

Keine

Spielbeschreibung

Alle Mitspielerinnen sitzen oder stehen auf einer Kreislinie. Die Spielleiterin klatscht eine Rhythmusfolge. Die Mitspielerin rechts neben ihr hört genau zu und wiederholt den Klatschrhythmus exakt. So wird die Rhythmusfolge von einer Mitspielerin zur nächsten durch den Kreis weitergegeben. Kommt das „Telegramm" wieder so bei der Spielleiterin an, wie es losgeschickt wurde?

Beim nächsten Durchgang kann eine andere Mitspielerin das Telegramm losschicken.

Variationen

- Das Telegramm wird nicht nur mit den Händen geklatscht, sondern kann auch durch Stampfen mit den Füßen und durch mit der Stimme erzeugte Geräusche ergänzt werden.
- Während der Weitergabe des Telegramms schließen die Mitspielerinnen die Augen.

Kommentar

In diesem Spiel wird die *Gedächtnisfähigkeit für rhythmische Abfolgen* geschult. Einfacher wird die Spielform, wenn Rhythmen bekannter Lieder nachgeklatscht werden bzw. der Rhythmus von einem sinnhaften oder sinnlosen Text begleitet wird.

Schüttelmemory

Spielaufgabe

Gegenstände am Geräusch erkennen und zuordnen

Mitspieler

Die gesamte Gruppe, aufgeteilt in zwei Mannschaften

Geräte / Materialien

Mit unterschiedlichen Gegenständen gefüllte Filmdöschen oder Streichholzschachteln

Spielbeschreibung

Der Spielleiter bereitet Streichholzschachteln oder Filmdöschen vor, von denen jeweils zwei mit den gleichen Gegenständen gefüllt sind. Die unterschiedlichen Gegenstände sollen beim Schütteln verschiedene Geräusche verursachen. Von den Schachteln mit gleichem Inhalt wird jeweils eine auf eine Bank und die andere irgendwo in die Halle gelegt.

Die Gruppe wird in zwei Mannschaften aufgeteilt. Jede Mannschaft bekommt die gleiche Anzahl von Schachteln auf der Bank zugeteilt. Es geht nun darum, das entsprechende Gegenstück in der Halle zu finden und zu der zugehörigen Schachtel auf die Bank zu legen. Dabei darf die Schachtel auf der Bank natürlich nicht mitgenommen werden. Welche Mannschaft hat zuerst alle Gegenstücke korrekt zugeordnet?

Kommentar

In dieser Spielform geht es darum, sich *ein Geräusch so genau einzuprägen, dass aus der Erinnerung das passende Gegenstück gefunden* werden kann.

Kofferpacken

Spielaufgabe

Eine wachsende Anzahl von Begriffen in der richtigen Reihenfolge wiedergeben

Mitspielerinnen

Die gesamte Gruppe

Geräte / Materialien

Keine

Spielbeschreibung

Alle Mitspielerinnen stellen sich auf eine Kreislinie. Die Spielleiterin beginnt und sagt, was sie für eine Reise in ihren Koffer packt, beispielsweise: „Ich packe meinen Koffer und nehme einen Kamm mit." Der genannte Gegenstand wird durch eine pantomimische Darstellung, in diesem Fall Haare kämmen, begleitet. Die nächste Mitspielerin fährt fort, indem sie den genannten Gegenstand einschließlich der pantomimischen Darstellung wiederholt und ein weiteres Utensil hinzufügt, also beispielsweise: „Ich packe meinen Koffer und nehme einen Kamm und eine Zahnbürste mit." Auch dieser Gegenstand wird wieder pantomimisch untermalt. Jede weitere Mitspielerin nennt die zuvor mitgenommenen Utensilien, stellt sie jeweils dar und fügt ein weiteres hinzu. Dabei soll möglichst kein Gegenstand vergessen werden. Wieviele Utensilien kann die Gruppe fehlerfrei in den Koffer packen?

Variationen

- Das Ziel der Reise wird festgelegt, beispielsweise Inselurlaub, Winterurlaub. Nun dürfen lediglich passende Utensilien mitgenommen werden.

Kommentar

Durch die pantomimische Darstellung wird das Merken der Gegenstände erleichtert und den Teilnehmenden gleichzeitig die *hilfreiche Funktion einer bildlichen Gedächtnisstütze* vermittelt.

Ping-Peng-Pong

Spielaufgabe

Mitspieler nach bestimmtem System aufrufen

Mitspieler

Die gesamte Gruppe

Geräte / Materialien

Keine

Spielbeschreibung

Alle Mitspieler stellen sich auf eine Kreislinie. Ein Mitspieler wird zum ersten Spielleiter und stellt sich in den Kreis. Zeigt er auf einen Mitspieler und sagt „Ping", so muss dieser den Namen seines linken Nachbarn nennen. Sagt er „Peng", so muss er den Namen seines rechten Nachbarn sagen. Kann er den Namen innerhalb einer kurzen Zeit nicht sagen, so tauscht er mit dem Spielleiter den Platz. Möchte der Spielleiter abgelöst werden, so zeigt er auf einen Mitspieler und sagt „Pong".

Variationen

- Der Mitspieler, der den Namen des richtigen Nachbarn genannt hat, tauscht mit diesem den Platz. So erhalten alle ständig neue Nachbarn.
- Der Spielleiter sagt beispielsweise „Ping 3". Dann muss der angezeigte Mitspieler den Namen seines dritten Nachbarn zur Linken nennen.

Kommentar

In diesem Spiel wird ein *schnelles Reagieren auf Anweisungen* sowie in den Variationen eine *schnelle Umstellungsfähigkeit* verlangt.

Nennball

Spielaufgabe

Bälle nach bestimmten Regeln zuwerfen

Mitspieler

Die gesamte Gruppe

Geräte / Materialien

Zwei verschiedenfarbige Bälle

Spielbeschreibung

Alle Mitspieler stehen auf einer Kreislinie. Es werden zwei verschiedenfarbige Bälle im Kreis zugeworfen. Beim Ball mit der einen Farbe wird der eigene Name genannt, beim Ball mit der anderen Farbe der Name desjenigen, dem man den Ball zuwirft.

Variationen

Nennball verkehrt

- Nur ein Ball wird im Kreis zugeworfen. Wer dem Nächsten den Ball zuwirft, ruft den Namen desjenigen, von dem er den Ball erhalten hat.
- Wer jemandem den Ball zuwirft, ruft den Namen des Mitspielers, der den Ball als nächster bekommen soll.

Kommentar

Dieses Ballspiel erfordert *hohe Konzentration und schnelles Reagieren* bei ungewohnter Aufgabenstellung. Erfahrungsgemäß kommt es oft zu Namensverwechslungen und es wird viel gelacht.

Entenweiher

Spielaufgabe

Einen Spruch richtig ergänzen

Mitspieler

Die gesamte Gruppe

Geräte / Materialien

Keine

Spielbeschreibung

Alle Mitspieler stehen auf einer Kreislinie. Der Spielleiter gibt einen Spruch vor, der von Mitspieler zu Mitspieler ergänzt wird:

Spielleiter: *Eine Ente*
1. Mitspieler: *Zwei Beine*
3. Mitspieler: *Geht ins Wasser*
4. Mitspieler: *Platsch*
5. Mitspieler: *Zwei Enten*
6. Mitspieler: *Vier Beine*
7. Mitspieler: *Gehn ins Wasser*
8. Mitspieler: *Platsch, Platsch*

Bei jedem „Platsch" stampft der betreffende Mitspieler einmal mit dem Fuß auf oder klatscht in die Hände. Der Spruch wird solange ergänzt, bis ein Fehler passiert. Dann wird wieder mit einer Ente von vorne begonnen. Wie viele Enten schafft die Gruppe?

Variationen

- Bei jedem „Platsch" stampfen alle Mitspieler mit dem Fuß auf oder klatschen in die Hände.
- Der Spruch kann auch abgewandelt werden:
  Eine Kuh – sieben Zähne – kaut Klee – Mampf
  Zwei Kühe – vierzehn Zähne – kauen Klee – Mampf, Mampf
  Oder:
  Eine Biene – fünf Streifen – sucht Honig – Summ
  Zwei Bienen – zehn Streifen – suchen Honig – Summ, Summ

Kommentar

Bei dieser Spielform ist *auf viele Dinge zu achten*: der Spruch muss gemerkt und in richtiger Reihenfolge wiedergegeben, es muss mitgezählt und richtig gerechnet und an der richtigen Stelle gestampft oder geklatscht werden. Da dies alles mit einem lustigen Spruch verbunden ist, macht die Spielform trotz *erfahrungsgemäß häufig vorkommender Fehler* eine Menge Spaß.

Erde-Wasser-Luft

Spielaufgabe

Begriffe verschiedenen Spielfeldern zuordnen

Mitspielerinnen

Die gesamte Gruppe

Geräte / Materialien

Keine

Spielbeschreibung

Ein Spielfeld wird in drei Zonen unterteilt, denen die Elemente „Erde", „Wasser" und „Luft" zugeordnet werden. Nun laufen alle Mitspielerinnen durcheinander. Die Spielleiterin läuft ebenfalls durch die Zonen und stoppt unvermittelt vor einer Mitspielerin. Nennt diejenige sofort einen Begriff, der mit der Zone, in der sie steht, verbunden werden kann, so darf sie weiterlaufen. Findet sie keinen passenden Begriff, so wird sie zur nächsten Spielleiterin.

In der Wasser-Zone sind Begriffe wie „Boot" oder „Fisch" erlaubt, in der Erde-Zone Begriffe wie „Baum" oder „Haus", in der Luft-Zone Begriffe wie „Flugzeug" oder „Schmetterling".

Variationen

• Es dürfen nur Tiere genannt werden, die in der genannten Zone leben.

Kommentar

Obwohl die Aufgabenstellung in diesem Spiel relativ einfach erscheint, fällt den Teilnehmenden die *Nennung passender Begriffe unter Zeitdruck* häufig nicht leicht.

Staatsanwalt

Spielaufgabe

Statt des angesprochenen Nachbarn auf eine Frage antworten

Mitspieler

Die gesamte Gruppe

Geräte / Materialien

Ein Ball

Spielbeschreibung

Alle Mitspieler stehen auf einer Kreislinie. Der Spielleiter ist der „Staatsanwalt" und steht in der Mitte. Er wirft einem beliebigen Mitspieler, dem „Angeklagten", den Ball zu und stellt dabei eine einfache Frage wie „Was für Wetter haben wir heute?", „Welche Farbe hat meine Hose?" oder „Wie viele Finger hat eine Hand?". Der Angespielte darf jedoch nicht selbst antworten, sondern sein „Verteidiger", sein rechter Nachbar, beantwortet statt seiner die Frage. Ist das korrekt geschehen, wirft der Angeklagte den Ball zurück zum Staatsanwalt. Antwortet der Angeklagte aus Versehen oder reagiert der Verteidiger nicht, so wird derjenige, der den Fehler gemacht hat, zum neuen Staatsanwalt.

Kommentar

Dieses Spiel *durchbricht eine automatisierte Angewohnheit*, auf eine direkt gestellte Frage auch direkt zu antworten. Die Spielaufgabe erfordert hohe Konzentration, da zusätzlich noch auf den Ball geachtet und auf eine Frage reagiert werden muss.

Speisekarte

Spielaufgabe

Begriffe aus festgelegten Bereichen zu bestimmten Anfangsbuchstaben finden

Mitspielerinnen

Die gesamte Gruppe

Geräte / Materialien

Ein Ball

Spielbeschreibung

Alle Mitspielerinnen stehen auf einer Kreislinie. Die Spielleiterin fragt beispielsweise „Was essen wir am Montag?" und wirft den Ball zu einer beliebigen Mitspielerin. Diese muss mit einem Gericht antworten, das mit dem gleichen Anfangsbuchstaben beginnt wie der genannte Tag, also in diesem Fall beispielsweise „Makkaroni". Dann wirft sie den Ball weiter und fragt die nächste Mitspielerin nach der Speisekarte für einen anderen Tag.

Variationen

- Das genannte Gericht muss mit dem zweiten Buchstaben des genannten Tages beginnen.
- Die Frage kann auch lauten: „Was essen die Franzosen?" Die Antwort soll wieder mit dem gleichen Anfangsbuchstaben beginnen und braucht nicht dem tatsächlichen Leibgericht der Bevölkerung des genannten Landes zu entsprechen.

Länderball

- Beim Zuwerfen des Balles wird ein Land genannt. Die Fängerin muss möglichst schnell etwas Landestypisches nennen, unabhängig vom Anfangsbuchstaben des Landes.

Kommentar

Neben der geforderten schnellen Kombinationsfähigkeit wird dieses Spiel zusätzlich durch die verschiedenen *Einschränkungen, auf die Fragestellung zu antworten,* erschwert.

Schnelle Fünf

Spielaufgabe

Fünf Begriffe zu bestimmten Anfangsbuchstaben finden

Mitspielerinnen

Die gesamte Gruppe

Geräte / Materialien

Ein Ball

Spielbeschreibung

Alle Mitspielerinnen stehen auf einer Kreislinie. Die Spielleiterin steht in der Kreismitte. Ein Ball wird im Kreis von einer Mitspielerin zur nächsten weitergegeben. Die Spielleiterin ruft plötzlich „Stopp" und nennt dabei einen beliebigen Buchstaben. Die Mitspielerin, die den Ball gerade in Händen hält, muss den Ball weitergeben und dann schnell fünf Gegenstände nennen, die mit dem genannten Buchstaben beginnen. In der Zwischenzeit wird der Ball weiter im Kreis herumgegeben. Kommt der Ball wieder bei der Ausgangsspielerin an, bevor diese die fünf Gegenstände genannt hat, so wird sie zur nächsten Spielleiterin und geht in die Kreismitte. Hat sie fünf Gegenstände genannt, bevor der Ball sie wieder erreicht, beginnt das Spiel mit der alten Spielleiterin erneut.

Kommentar

In dieser Spielform kommt *zu der geforderten Aufgabenstellung eine Zeiteinschränkung* hinzu. Falls die Aufgabenstellung für die Gruppe zu einfach erscheint, können die Gegenstände auf bestimmte Themenbereiche wie „Technik", „Garten" oder „Haushalt" begrenzt werden.

Kuddelmuddel

Spielaufgabe

Gegenstände nach einer bestimmten Regel weitergeben

Mitspieler

Die gesamte Gruppe

Geräte / Materialien

Verschiedene Bälle und Objekte

Spielbeschreibung

Alle Mitspieler stehen auf einer Kreislinie. Nun gibt der Spielleiter verschiedene Gegenstände in den Kreis, wobei jeder Gegenstand mit einer bestimmten Übergabeform verbunden ist: So wird ein kleiner Ball nach rechts von der rechten Hand in die rechte Hand weitergegeben, ein großer Ball nach links von der linken Hand in die linke Hand, ein Gummiring dem rechten Mitspieler auf den Kopf gelegt, ein umgekehrter Becher über den Zeigefinger gestülpt und dem linken Mitspieler entsprechend auf den Zeigefinger weitergegeben, ein Handtuch hinter dem Rücken nach rechts weitergegeben, ein Stab unter dem angehobenen Knie nach links durchgereicht usw.

Kommentar

Dieses Spiel erfordert hohe *Aufmerksamkeit und Merkfähigkeit*, um die Gegenstände in der vorgegebenen Form weiterzugeben. Meist endet es nach einiger Zeit in einem lustigen Durcheinander.

10   Spiele mit der Wahrnehmung

Viele Menschen haben im Laufe ihres Lebens ein funktional geprägtes Verhält-
nis zu ihrem Körper und zum Umgang mit der Welt entwickelt. Oft betrachten
sie den Körper wie einen Gegenstand, der ohne eigenes Zutun wie selbstverständlich zur Bewältigung des Alltags funktionieren soll. Gleichzeitig ist ihre
Wahrnehmung für körperliche Prozesse bzw. ihr Körpergefühl meist schlecht
entwickelt.

Oft wird dem Körper und den Belastungen durch alltägliche Anforderungen erst
Aufmerksamkeit geschenkt, wenn Einschränkungen oder Krankheiten auftreten.
Vielfach ist die Wahrnehmung dann allerdings von einer übervorsichtigen
Grundeinstellung geprägt, bei der vor allem auf Signale geachtet wird, die auf
ein erneutes „Versagen" des Körpers hindeuten.

Durch die Wahrnehmungsspiele in diesem Kapitel soll die Erfahrung vermittelt
werden, dass der Körper nicht nur ein funktionierender bzw. in der Krankheit
„versagender" Organismus ist, sondern dass er Quelle vielfältiger Empfindungen sein kann. Die Teilnehmenden sollen durch die Spielformen in Situationen
versetzt werden, die für die Wahrnehmung des eigenen Körpers nach innen und
für die Wahrnehmung anderer und der Umwelt nach außen sensibilisieren. Ziel
ist es vor allem, die vielen unterschiedlichen Dimensionen und Qualitäten des
Wahrnehmens erfahrbar zu machen, die in der alltäglichen, routinierten Wahrnehmung häufig untergehen.

Oft sind die Teilnehmenden gegenüber für sie zunächst fremden körperwahr-
nehmungsorientierten Situationen skeptisch eingestellt. Um diese Haltung nach
und nach aufzulösen, werden hier spielerische Formen beschrieben, die an vertraute Wahrnehmungen anknüpfen oder sie in einer neuen Perspektive erscheinen lassen und die Teilnehmenden damit neugierig zu machen versuchen.

Figurengehen

Spielaufgabe

Bewegungen aufmerksam beobachten

Mitspielerinnen

Die gesamte Gruppe, aufgeteilt in Paare

Geräte / Materialien

Keine

Spielbeschreibung

Die Gruppe wird in Paare aufgeteilt. Eine Partnerin sucht sich einen festen Standort in der Halle. Die andere geht durch die Halle und markiert mit ihren Schritten eine prägnante Figur auf den Boden, die ihre Partnerin erraten soll.

Variationen

- Die Rateaufgabe kann zu Beginn erleichtert werden, indem die Art der Figur, also ein Tier, eine Zahl, ein Werkzeug usw., vorgegeben wird.
- Es werden nacheinander zwei Figuren gegangen, deren Bezeichnungen zusammen einen sinnvollen Begriff ergeben.

Kommentar

Den Bewegungen im Raum wird meist kaum Aufmerksamkeit geschenkt. Durch die Spielaufgabe wird zum einen eine gezielte Fortbewegung bzw. *Strukturierung des Laufweges im Raum* provoziert. Zum anderen wird die *Aufmerksamkeit gezielt auf den Bewegungsweg* einer anderen Person gelenkt.

Bewegungsorchester

Spielaufgabe

Bewegungen wahrnehmen und nachahmen

Mitspieler

Die gesamte Gruppe

Geräte / Materialien

Keine

Spielbeschreibung

Alle Mitspieler stehen auf einer Kreislinie. Ein Mitspieler ist der „Dirigent". Er macht verschiedene Bewegungen vor. Die anderen Mitspieler, das „Orchester", nehmen die Bewegungen möglichst schnell und exakt auf. Zeigt der Dirigent auf einen anderen Mitspieler, so wird dieser der nächste Dirigent.

Variationen

- Die Bewegungen des Dirigenten erfolgen nach und nach immer schneller hintereinander.
- Die gesamte Gruppe wird in zwei Orchester mit jeweils eigenem Dirigenten aufgeteilt. Die beiden Orchester stehen durcheinander und müssen versuchen, nur ihrem eigenen Dirigenten zu folgen.
- Der Spielleiter gibt von Zeit zu Zeit ein Signal, auf das hin die Orchester die Bewegungen des anderen Dirigenten nachmachen.

Kommentar

Im alltäglichen Leben wird der Wahrnehmung anderer Personen häufig nur geringe Aufmerksamkeit geschenkt. Durch die Nachahmungsaufgabe werden die Mitspielenden dazu veranlasst, *genau und bewusst zu beobachten*.

Rollkur

Spielaufgabe

Körperteile gezielt anspannen

Mitspielerinnen

Die gesamte Gruppe, aufgeteilt in Paare

Geräte / Materialien

Ein Stab je Paar

Spielbeschreibung

Eine Mitspielerin legt sich in Rückenlage auf den Boden. Die andere hat die Aufgabe, einen Stab von den Füßen bis zum Kopf unter ihrem Körper durchzurollen. Die Liegende hebt dabei die jeweiligen Körperteile so gezielt vom Boden ab, dass sie den Stab nicht berührt.

Kommentar

Diese Spielaufgabe erfordert *eine gezielte Anspannung und Entspannung einzelner Körperteile.* Es sollte darauf geachtet werden, dass wirklich nur die notwendigen Körperpartien vom Boden abgehoben werden und nicht der ganze Körper unnötig angespannt wird.

Wahrnehmungstelegramm

Spielaufgabe

Berührungen des Rückens wahrnehmen

Mitspieler

Die gesamte Gruppe oder mehrere Kleingruppen

Geräte / Materialien

Eine Tafel und Kreide oder ein Blatt Papier und ein Stift

Spielbeschreibung

Die Mitspieler stellen sich in einer Reihe auf. Der Letzte in der Reihe denkt sich einen Begriff aus. Nun malt er mit dem Finger den ersten Buchstaben seines Begriffes auf den Rücken des vor ihm Stehenden. Dieser malt das, was er wahrgenommen hat, auf den Rücken seines Vordermannes usw. Der Vorderste steht vor einer Tafel oder einem Blatt Papier und zeichnet auf, was ihm mitgeteilt wird. Entsteht nach einigen Durchgängen das abgeschickte Wort auf der Wandzeitung?

Variationen

- Nacheinander werden verschiedene Zahlen durchgegeben, die jeder für sich zusammenzählt. Wie viele Mitspieler haben am Ende die gleiche Summe errechnet?

Kommentar

Dieses Spiel ist der Idee der „Stillen Post" nachempfunden. Allerdings kommt es hier auf die *sensible taktile Wahrnehmungsfähigkeit* an.

Grashalm im Wind

Spielaufgabe

Berührungen wahrnehmen und ihnen nachgeben

Mitspielerinnen

Die gesamte Gruppe, aufgeteilt in Paare

Geräte / Materialien

Keine

Spielbeschreibung

Eine Mitspielerin schließt die Augen. Ihre Partnerin drückt an einer beliebigen Stelle gegen ihren Körper. Die erste hat nun die Aufgabe, der Berührung sanft nachzugeben und den Druck leicht mit dem ganzen Körper auszupendeln.

Variationen

Störrischer Esel

• Nach der ersten Berührung, der die Mitspielerin nachgibt, wird dieselbe Körperstelle nochmal berührt. Diesmal soll die Mitspielerin dem Druck aber Widerstand entgegensetzen.

Kommentar

Die Aufgabe, Berührungen nachzugeben, führt zu einer *Lenkung der Aufmerksamkeit auf den Körper sowie zum differenzierten Bewegen genau lokalisierter Körperstellen.*

Spürkreis

Spielaufgabe

Wechselnde Berührungen wahrnehmen

Mitspieler

Die gesamte Gruppe, aufgeteilt in Paare

Geräte / Materialien

Keine

Spielbeschreibung

Eine Hälfte der Mitspieler stellt sich mit Blick nach
außen auf eine Kreislinie. Vor jeden stellt sich, diesem zugewandt, ein anderer Mitspieler. Die im Innenkreis stehenden Mitspieler halten die Unterarme
mit nach oben gerichteten Handinnenflächen ausge-
streckt nach vorne und schließen die Augen. Die vor
ihnen stehenden Mitspieler streichen ihnen behutsam über die Unterarme. Nach einiger Zeit wechseln
alle außen Stehenden auf ein Zeichen des Spielleiters nach rechts zum nächsten Mitspieler, dem sie
wiederum über den Unterarm streichen.

Kommentar

Die Innenseiten der Unterarme sind äußerst sensibel für Berührungen. Durch den kontinuierlichen Wechsel der Mitspieler wird die prägnante Erfahrung vermittelt, *wie unterschiedlich die Einzelnen die Berührungen gestalten und wie verschieden Hände sich anfühlen.*

Einölen

Spielaufgabe

Berührungen der Körperoberfläche wahrnehmen

Mitspieler

Die gesamte Gruppe

Geräte / Materialien

Keine, für die Variation ein Handtuch je Mitspieler

Spielbeschreibung

Alle Mitspieler stellen sich vor, dass sie sich an einem sonnigen Tag am Strand befinden, und ölen sich zum Schutz sehr sorgfältig am gesamten Körper ein.

Variationen

- Man bittet einen Mitspieler, die Stellen, die man selbst nicht erreicht, einzuölen.

Abrubbeln

- Der gesamte Körper wird wie nach einem Bad mit einem Handtuch sorgfältig abgetrocknet und dabei kräftig abgerubbelt. Dies kann auch gegenseitig durch Mitspieler geschehen.

Kommentar

Durch das umfassende Berühren und Abreiben des Körpers wird die Entwicklung *eines differenzierten Bildes der Körperoberfläche* unterstützt.

Modenwechsel

Spielaufgabe

Jemanden aufmerksam beobachten und nachahmen

Mitspielerinnen

Die gesamte Gruppe

Geräte / Materialien

Keine

Spielbeschreibung

Alle Mitspielerinnen gehen auf einer Kreislinie. Die Spielleiterin geht innerhalb des Kreises in Gegenrichtung. Hin und wieder verändert sie etwas an ihrer Kleidung, z. B. hängt sie einen Zipfel ihres T-Shirts aus der Hose, die Socken werden nach unten geschoben, die Hosen hochgekrempelt usw. Die Mitspielerinnen im Kreis sollen diese Veränderungen aufmerksam beobachten und sofort nachahmen. Die Mitspielerin, die eine Veränderung eine Zeit lang übersieht, tauscht den Platz mit der Spielleiterin.

Variationen

• Die Gangart oder die Körperhaltung werden verändert.

Kommentar

Hier ist eine *gute Beobachtungsgabe für kleine Veränderungen* bei einer Mitspielerin erforderlich. Die Mitspielerin in der Mitte wird sich mit der Zeit immer mehr darum bemühen, nur sehr kleine und möglichst unauffällige Veränderungen vorzunehmen.

Drucktelegramm

Spielaufgabe

Zahlen durch Händedruck weiterleiten

Mitspielerinnen

Die gesamte Gruppe, aufgeteilt in zwei Mannschaften

Geräte / Materialien

Keine

Spielbeschreibung

Die Mitspielerinnen teilen sich in zwei Mannschaften auf, die sich jeweils in einer Reihe aufstellen und an den Händen fassen. Die Spielleiterin zeigt nur den Ersten jeder Reihe mit den Fingern eine Zahl, die durch die entsprechende Anzahl von Händedrucken zum anderen Ende der Reihe weitergegeben werden soll. Ist das „Telegramm" angekommen, ruft die Letzte der Reihe die Zahl. Welche Mannschaft nennt zuerst die richtige Zahl?

Kommentar

Durch die Einbindung in eine Staffelspielform erhält die *Konzentration auf die genaue taktile Wahrnehmung* einen zusätzlichen Reiz.

Tunnelblick

Spielaufgabe

Mit eingeschränktem Gesichtsfeld durch den Raum bewegen

Mitspieler

Die gesamte Gruppe

Geräte / Materialien

Zeitungen oder Zeitschriften, für die Variation Papierblätter

Spielbeschreibung

Aus einer Zeitung oder Zeitschrift wird eine Röhre, ähnlich einem Fernrohr, gerollt. Die Mitspielenden sollen sich nun diese Röhre vor ein Auge halten, das andere Auge schließen und dann durch den Raum gehen, ohne mit einem Mitspieler zusammenzustoßen. Nach einiger Zeit wird die Röhre vor das andere Auge gehalten.

Variationen

- Es werden zwei Röhren geformt und vor jedes Auge ein „Fernrohr" gehalten.
- Ein Blatt Papier wird in der Mitte mit einem kleinen Loch versehen. Das Papierblatt wird dicht vor das Gesicht gehalten, so dass nur durch dieses Guckloch gesehen werden kann.

Kommentar

Hier besteht die Aufgabe darin, sich *mit eingeschränktem Blick- und Gesichtsfeld dennoch sicher durch den Raum zu bewegen.* Dies ist eine weitaus schwierigere Anforderung als es scheint, da insbesondere für das räumliche Sehen normalerweise beide Augen beansprucht werden.

Handsalat

Spielaufgabe

Handpaare von Mitspielerinnen erspüren

Mitspielerinnen

Die gesamte Gruppe, aufgeteilt in Kleingruppen

Geräte / Materialien

Keine

Spielbeschreibung

Die Mitspielerinnen finden sich in Gruppen von vier oder fünf Personen zusammen. Eine Mitspielerin schließt die Augen. Die anderen strecken ihr ihre Hände möglichst durcheinander entgegen. Die Mitspielerin mit geschlossenen Augen versucht nun, die zusammengehörigen Hände zu ertasten und aufeinander zu legen. Wenn alle Hände zusammengeführt sind, öffnet sie die Augen und überprüft, ob die aufeinander gelegten Hände tatsächlich derselben Person gehören.

Kommentar

Diese Spielform erfordert eine sensible Wahrnehmung feiner Unterschiede. Es ist eine interessante Erfahrung, dass Hände sich nicht nur in ihrer Größe, sondern auch in ihrer Temperatur und Struktur voneinander unterscheiden. Dadurch wird die Wahrnehmung auf ein *genaues Erspüren verschiedener Merkmale* gelenkt.

Geometer

Spielaufgabe

Wahrnehmung von geometrischen Figuren in der Bewegung mit geschlossenen Augen

Mitspieler

Die gesamte Gruppe, aufgeteilt in Paare

Geräte / Materialien

Keine

Spielbeschreibung

Die Mitspieler finden sich zu Paaren zusammen. Ein Mitspieler schließt die Augen und sein Partner führt ihn entlang einer gedachten geometrischen Figur. Anschließend soll er erraten, um welche Figur es sich gehandelt hat. Danach werden die Rollen getauscht.

Kommentar

Es ist *vergleichsweise schwierig, mit geschlossenen Augen wahrzunehmen, wie man sich im Raum bewegt.* Hier soll diese Raumwahrnehmung durch das Führen entlang einer geometrischen Figur geschult werden.

Partnerklatsch-Kreis

Spielaufgabe

Mit einem Partner möglichst gleichzeitig in die Hände klatschen

Mitspieler

Die gesamte Gruppe

Geräte / Materialien

Keine

Spielbeschreibung

Alle Mitspieler stehen auf einer Kreislinie. Der Spielleiter wendet sich zu seinem rechten Mitspieler und versucht nun, gleichzeitig mit ihm in die Hände zu klatschen. Dieser wendet sich zügig wiederum seinem rechten Mitspieler zu und versucht mit diesem dasselbe. Die synchrone Klatschbewegung soll beim Durchlaufen des Kreises immer exakter koordiniert werden und zudem immer schneller erfolgen.

Variationen

- Der Spielleiter gibt nach und nach einen zweiten, dritten und weitere Händeklatscher in den Kreis.
- Die Händeklatscher werden nicht nur nach rechts, sondern auch nach links in den Kreis gegeben.
- Der Spielleiter versucht, mit dem rechten Nachbarn gemeinsam zu klatschen, mit dem linken Nachbarn gemeinsam mit dem Fuß aufzustampfen.

Kommentar

Dieses Spiel schult die *Wahrnehmung und das genaue Abstimmen aufeinander* bei einer einfachen Bewegungsform, deren genaue Koordination sich jedoch schwieriger gestaltet als erwartet.

Woher weht der Wind?

Spielaufgabe

Einen Luftzug erspüren

Mitspielerinnen

Die gesamte Gruppe

Geräte / Materialien

Kartonstücke, Zeitschriften oder Handtücher

Spielbeschreibung

Die Mitspielerinnen stehen auf einer Kreislinie und halten ein Kartonstück, eine Zeitschrift oder ein Handtuch in den Händen. Eine Mitspielerin stellt sich in die Mitte des Kreises und schließt die Augen. Auf ein Zeichen der Spielleiterin hin fächeln zwei oder drei nebeneinander stehende Mitspielerinnen Luft in Richtung der in der Mitte Stehenden. Diese soll erspüren, „woher der Wind weht", und in diese Richtung zeigen. Wenn die angezeigte Richtung stimmt, ist die Nächste an der Reihe, solange bis alle Teilnehmenden einmal in der Mitte gestanden haben.

Variationen

- Jede Mitspielerin in der Mitte kann, bevor sie zurück in den Kreis geht, „Kühlung bitte!" rufen. Daraufhin fächeln alle Mitspielenden gleichzeitig Luft zu ihr hin.

Kommentar

Hier soll der vergleichsweise geringe *Reiz eines Luftzuges auf der Haut gespürt und richtig geortet* werden. Auf Wunsch kann mit der Aufforderung zur „Kühlung" auch das Empfinden einer angenehm kühlenden Luftbewegung vermittelt werden.

11   Zum Ende kommen

Jede Unterrichtsstunde sollte nicht nur einen deutlichen Beginn aufweisen, sondern auch durch ein erkennbares Ende gekennzeichnet sein. Sinnvoll ist es deshalb, am Ende eine Spielform durchzuführen, die einen für alle klar nachvollziehbaren Schlusspunkt setzt, bevor die Teilnehmenden wieder in ihren Alltag zurückkehren.

Dazu eignen sich vor allem Spiele, bei denen alle Mitspielenden gleichzeitig teilnehmen, in eine gemeinsame Aktion eingebunden werden oder in direkten Kontakt miteinander kommen. Die in diesem Kapitel ausgewählten Spiele sind zudem durch niedrige körperliche Belastungen gekennzeichnet. Ziel ist hier keine anstrengende, spannungsreiche Bewegung, sondern ein überwiegend interaktiver und lockernder Ausklang, der durch seinen entspannenden Charakter dazu beiträgt, dass die Teilnehmenden die Stunde möglichst mit einem Gefühl des Wohlbefindens verlassen.

Bärenmassage

Spielaufgabe

Den eigenen Rücken mit einem Tennisball massieren

Mitspielerinnen

Die gesamte Gruppe

Geräte / Materialien

Ein Tennis- oder Igelball pro Mitspielerin, Musikanlage, Musiktitel „Probier's mal mit Gemütlichkeit" aus dem Zeichentrickfilm „Das Dschungelbuch"

Spielbeschreibung

Jede Mitspielerin erhält einen Tennis- oder Igelball und sucht sich einen freien Platz an der Wand. Zu dem Titel „Probier's mal mit Gemütlichkeit", dem Lied des Bären Balu aus dem „Dschungelbuch", wird der Tennis- oder Igelball zwischen Wand und Rücken geklemmt und der eigene Rücken durch Auf- und Ab- sowie Hin- und Her-Bewegungen massiert.

Kommentar

Das „Rückenschubbern", angelehnt an das Vorbild der Kratzbewegungen des Bären Balu an einem Baum, erzeugt ein *wohltuendes Körperempfinden*, das durch die fröhlich-beschwingte Musik noch verstärkt wird. Die Anregung einer Selbstmassage mit Hilfe des Tennis- oder Igelballes wird erfahrungsgemäß vielfach dankbar aufgenommen und zu Hause eigenständig ausgeführt.

Tiere im Urwald

Spielaufgabe

Einer Geschichte folgend massageähnliche Bewegungen durchführen

Mitspieler

Die gesamte Gruppe

Geräte / Materialien

Drei Bänke

Spielbeschreibung

Alle Mitspieler setzen sich auf drei im Dreieck aufgestellte Bänke und ahmen die Bewegungen des Spielleiters nach, mit denen er eine Geschichte untermalt:

„Der Elefant geht durch den Dschungel. " Mit beiden locker zu Fäusten geballten Händen auf den Boden vor der Bank klopfen.

„Der Elefant geht den Berg hinauf. " Mit den Fäusten die Beine von den Unter- bis zu den Oberschenkeln abklopfen.

„Er erreicht eine große Ebene und geht zuerst nach links. " Behutsam den Rücken des linken Nachbarn abklopfen.

„Er wendet sich nach rechts. " Den Rücken des rechten Nachbarn abklopfen.

„Dann geht er wieder zurück in den Dschungel. " Die Beine entlang nach unten klopfen.

„Der Elefant begegnet einem anderen Tier (Löwe, Ameise ..). " Mit der für das gewählte Tier typischen Fortbewegungsweise (Schleichen auf weichen Pfoten, vielfüßiges schnelles Trippeln ..) werden Bewegungen nach dem gleichen Ablauf ausgeführt.

Kommentar

Eingebettet in eine Geschichte, die selbstverständlich nach Bedarf und eigenen Ideen variiert werden
kann, erfolgt zum Stundenabschluss *eine gemeinsame entspannende Hinwendung der Mitspielenden
zu ihren Körpern.*

Klangkreis

Spielaufgabe

Bewegungen mit langsamer Musik koordinieren

Mitspieler

Die gesamte Gruppe

Geräte / Materialien

Musikanlage, langsame Musik im Vierertakt

Spielbeschreibung

Alle Mitspieler stellen sich in einen Kreis und fassen sich an der Hand oder legen den benachbarten Mitspielern die Arme auf die Schultern. Nun machen alle im selben Rhythmus mit dem rechten Bein einen Schritt nach rechts und stellen dann das linke Bein parallel nach. Dann machen alle mit dem rechten Bein einen Schritt nach vorn und stellen das linke Bein wieder parallel nach. Nun wird wieder ein Schritt nach rechts gesetzt und das linke Bein nachgestellt und zuletzt ein Schritt nach hinten gesetzt und das linke Bein nachgestellt usw. Wenn diese einfache Schrittabfolge beherrscht wird, schließen alle die Augen und führen die Schrittkombination in einem fort im Rhythmus der Musik langsam durch.

Kommentar

Durch die langsame Bewegung und die Wahrnehmung der ruhigen Musik, die mit der Drehung des Kreises aus verschiedenen Richtungen kommt, stellt sich zum Abschluss der Stunde eine *beruhigende und entspannende Stimmung* in der Gruppe ein.

Wachklopfen

Spielaufgabe

Den Körper einer Partnerin behutsam abklopfen

Mitspielerinnen

Die gesamte Gruppe, aufgeteilt in Paare

Geräte / Materialien

Keine

Spielbeschreibung

Die Mitspielerinnen finden sich zu Paaren zusammen. Eine stellt sich möglichst entspannt mit leicht gebeugten Knien hin und schließt die Augen. Die andere klopft ihren Körper mit locker zu Fäusten geballten Händen ab.
Dabei wird am besten mit einer Schulter begonnen, der Arm wird abwärts und wieder aufwärts abgeklopft. Dann wird zum anderen Arm gewechselt und genauso verfahren. Danach wird der Rücken auf beiden Seiten von oben nach unten abgeklopft. Dabei müssen Wirbelsäule und Nieren ausgelassen werden. Zuletzt werden die Beine nacheinander abgeklopft. Abschließend streicht man mit flach aufgelegten Händen mehrmals den Körper von den Schultern zu den Füßen hin aus. Danach wechseln die Paare die Rollen.

Kommentar

Durch die Klopfmassage wird der Körper *stimuliert und aktiviert*, so dass die Teilnehmenden die Stunde angenehm „wach" verlassen.

Schulterklopfen

Spielaufgabe

Gegenseitiges Loben im Kreis

Mitspielerinnen

Die gesamte Gruppe

Geräte / Materialien

Keine

Spielbeschreibung

Die Mitspielerinnen stellen sich mit dem Gesicht nach innen auf eine Kreislinie. Auf ein Kommando der Spielleiterin drehen sich alle nach rechts, klopfen der vor ihnen stehenden Mitspielerin anerkennend auf die Schulter und loben sie dabei, beispielsweise mit „Gut gemacht! Klasse! Stark!". Dann drehen sich alle um und wiederholen das gleiche mit der anderen Nachbarin. Zum Schluss nehmen alle wieder die Ausgangsposition ein und klopfen den neben ihnen stehenden Mitspielerinnen mit dem Kommentar auf die Schultern: „Heute waren wir wieder richtig gut!".

Kommentar

Diese Verabschiedung bindet alle in ein *gemeinsames Bewegungsritual* ein und lässt die Stunde mit gegenseitigem Lob ausklingen.

Wer bin ich?

Spielaufgabe

Durch Nachfragen herausfinden, welcher Name einer Persönlichkeit sich auf dem eigenen Rückenschild befindet

Mitspielerinnen

Die gesamte Gruppe

Geräte / Materialien

Mit Namen von bekannten Persönlichkeiten beschriftete Zettel und Krepp-Klebeband oder Haft-Notizzettel

Spielbeschreibung

Die Spielleiterin befestigt jeder Mitspielerin einen Zettel auf dem Rücken, auf dem der Name einer bekannten Persönlichkeit steht. Dann bewegen sich alle durch die Halle. Durch Nachfragen bei ihren Mitspielerinnen sollen sie herausfinden, welche Persönlichkeit auf ihrem Rückenschild steht. Dabei dürfen nur Fragen gestellt werden, auf die mit „Ja" oder „Nein" geantwortet werden kann.

Nach einer bestimmten Zeit werden alle zusammengerufen und nach dem Namen der Persönlichkeit auf ihrem Rückenschild gefragt. Danach wird aufgelöst, indem jede ihr Rückenschild abnimmt und vorliest.

Kommentar

In diesem Ratespiel kommen *alle Mitspielenden zum Abschluss der Stunde noch einmal zwanglos miteinander in Kontakt.* Das Spiel gewinnt seinen Reiz durch das gezielte Fragen, mit dem die gesuchte Persönlichkeit immer mehr „eingegrenzt" wird.

Lustiger Schuhplattler

Spielaufgabe

Eine rhythmische Bewegungsfolge exakt und immer schneller durchführen

Mitspieler

Die gesamte Gruppe

Geräte / Materialien

Keine

Spielbeschreibung

Alle Mitspieler stehen auf einer Kreislinie aufrecht mit leicht gebeugten Knien. Gemeinsam wird ein lustiger „Schuhplattler" ausgeführt: Zuerst wird mit beiden Hände auf die Knie geklopft, dann auf die Oberschenkel, danach mit gekreuzten Armen auf die Schultern und zuletzt werden beide Arme hoch über den Kopf gestreckt. Dabei wird die Bewegungsabfolge mit einer eingängigen Wortkombination, beispielsweise *„Wadde – hadde – dudde – da"* oder *„Ha – be – fer – tig"* verknüpft.

Kommentar

In dieser Spielform wird *die gesamte Gruppe in einen gemeinsamen Rhythmus eingebunden*, der immer schneller ausgeführt wird. Oft führt das in ein Durcheinander und die Stunde endet mit allgemeinem Gelächter.

Brummkreis

Spielaufgabe

Gegenseitige Klopfmassage im Kreis

Mitspieler

Die gesamte Gruppe

Geräte / Materialien

Keine

Spielbeschreibung

Alle Mitspieler stellen sich so hintereinander auf eine Kreislinie, dass jeder bequem den Rücken des vor ihm stehenden Mitspielers erreichen kann.

Die Hände werden locker zu Fäusten geballt und jeder klopft sanft und mit lockeren Handgelenken auf den Rücken des vor ihm stehenden Mitspielers. Dabei darf nicht auf die Wirbelsäule und die Nierengegend geklopft werden. Nach einiger Zeit geben alle einen leichten Brummton von sich. Dadurch wird die Resonanz, die das Klopfen im Körper erzeugt, deutlich hörbar. Auf Zeichen des Spielleiters steigern alle den Brummton und lassen ihn in einem wohligen Seufzer enden.

Danach drehen sich alle Mitspieler um und führen die gleiche Klopfmassage bei demjenigen durch, der sie vorher massiert hat.

Kommentar

Die durch das behutsame Klopfen hervorgerufenen leichten Vibrationen führen *nicht nur zu einer Lockerung der Rückenmuskulatur, sondern rufen insgesamt ein Entspannungsgefühl hervor.* Durch den gemeinsam erzeugten Brummton werden die Schwingungen deutlich hörbar.

Teigkneten

Spielaufgabe

Gemeinsam den Rücken eines Mitspielers massieren

Mitspieler

Die gesamte Gruppe, aufgeteilt in Kleingruppen

Geräte / Materialien

Keine

Spielbeschreibung

Die Mitspieler finden sich zu Gruppen von vier bis sechs Personen zusammen. Ein Mitspieler legt sich mit dem Bauch auf eine Matte und schließt die Augen. Die anderen Mitspieler knien oder sitzen um den Liegenden. Zuerst reiben sie kurz ihre Handflächen aneinander und legen die so angewärmten Hände flach auf seinen Rücken. Danach beginnen sie, mit allen Fingern zunächst sanft, dann intensiver, den Rücken des Mitspielers zu „kneten".

Nach einer vorher festgelegten Zeit wird der nächste Mitspieler der Gruppe gemeinschaftlich massiert, bis alle Mitspieler an der Reihe waren.

Kommentar

Meist ist es eine *ungewohnte und angenehm entspannende Erfahrung, von vielen Händen gleichzeitig massiert und geknetet zu werden.* Da manchen Menschen die Berührung durch andere jedoch unangenehm ist, sollte die Rolle des Liegenden nur freiwillig übernommen werden.

Wackelpudding

Spielaufgabe

Rückmeldung über die eigene Körperentspannung bekommen

Mitspielerinnen

Die gesamte Gruppe, aufgeteilt in Paare

Geräte / Materialien

Keine

Spielbeschreibung

Eine Mitspielerin legt sich in Rückenlage auf eine Matte und versucht, ihre Muskulatur zu entspannen. Ihre Partnerin überprüft den Grad der Entspannung, indem sie die Füße und Hände ihrer Mitspielerin leicht schüttelt. Wenn die Liegende gut entspannt ist, übertragen sich die Bewegungen von den bewegten Gliedmaßen auf den Körper und dieser „wackelt" wie ein „Wackelpudding".

Kommentar

Es ist häufig schwierig, selbst festzustellen, ob es gelungen ist, die eigene Körpermuskulatur zu entspannen. Mit der beschriebenen Unterstützung der Mitspielerin können *eventuelle Verspannungen aufgespürt und bewusst gemacht sowie eine gelungene Entspannung erfahren* werden.

Systematisches Spieleverzeichnis

Alphabetisches Spieleverzeichnis

T

U

V

W

Z

Verzeichnis der Symbole

Mitspielende

Gehweg

Ball

Wurf

Reifen

Keule

Kleiner Kasten

Wurfring

Stab

Literaturverzeichnis

Allmer, H. & Tokarski, W. et. al. (1996). *Bewegung, Spiel und Sport im Alter. Band II: Strukturelle Merkmale von Angeboten.* Köln: Sport und Buch Strauß.

Badtke, G. & Israel, S. (1985). Sportliche Belastbarkeit im höheren Lebensalter. *Wissenschaftliche Zeitschrift der pädagogischen Hochschule Potsdam, 29,* 527-537.

Baltes, P. B. (1990). Entwicklungspsychologie der Lebensspanne: Theoretische Ansätze. *Psychologische Rundschau, 41,* 1-24.

Baltes, P. B. & Baltes, M. M. (1992). Problem „Zukunft des Alterns und gesellschaftliche Entwicklung". In: P. B. Baltes & J. Mittelstraß (Hrsg.): *Zukunft des Alterns und gesellschaftliche Entwicklung. Akademie der Wissenschaften zu Berlin. Forschungsbericht 5* (S. 1-34). Berlin, New York: Walter de Gruyter.

Beck, U. (1986). *Risikogesellschaft. Auf dem Weg in eine andere Moderne.* Frankfurt: Suhrkamp.

Beckers, E. & Mayer, M. (1991). Jugendliches Altern. Zur Ambivalenz von Altern und Bewegen. *Brennpunkte der Sportwissenschaft, 5* (1), 50-74.

Beck-Gernsheim, E. (1993). Familie und Alter: Neue Herausforderungen, Chancen, Konflikte. In: G. Naegele & H.-P. Tews (Hrsg.): *Lebenslagen im Strukturwandel des Alters. Alternde Gesellschaft - Folgen für die Politik* (S. 158-169). Opladen: Westdeutscher Verlag.

Böhnisch, L. (1999). Altern als biographischer Prozeß. In: K. Lenz, K. M. Rudolph & U. Sickendiek (Hrsg.): *Die alternde Gesellschaft. Problemfelder gesellschaftlichen Umgangs mit dem Altern und Alter* (S. 121-135). Weinheim und München: Beltz.

Bringmann, W. (1982). Sport im höheren Lebensalter. *Zeitschrift für Alternsforschung, 37,* 391-399.

Danner, D. B. & Schröder, H. C. (1992). Biologie des Alterns (Ontogenese und Evolution). In: P. B. Baltes & J. Mittelstaß (Hrsg.): *Zukunft des Alterns und gesellschaftliche Entwicklung. Akademie der Wissenschaften zu Berlin. Forschungsbericht 5* (S. 95-123). Berlin, New York: Walter de Gruyter.

Dieck, M. & Naegele, G. (1993). „Neue Alte" und alte soziale Ungleichheiten - vernachlässigte Dimensionen in der Diskussion des Altersstrukturwandels. In: G. Naegele & H.-P. Tews (Hrsg.): *Lebenslagen im Strukturwandel des Alters. Alternde Gesellschaft - Folgen für die Politik* (S. 43-60). Opladen: Westdeutscher Verlag.

Dittmann-Kohli, F. (1989). Erfolgreiches Altern aus subjektiver Sicht. In: P. B. Baltes, M. Kohli, & K. Sames (Hrsg.): *Erfolgreiches Altern. Bedingungen und Variationen* (S. 301-307). Bern, Stuttgart, Toronto, Seattle: Hans Huber.

Dreisbach, W. (1983). Alterssport - eine soziokulturelle Aufgabe. *Sportunterricht, 32*, 13-18.

Elwert, G. & Kohli, M. (1990). Einleitung. In: G. Elwert, M. Kohli & H. K. Müller (Hrsg.): *Lauf der Zeit. Ethnographische Studien zur gesellschaftlichen Konstruktion von Lebensaltern* (S. 3-9). Saarbrücken: Breitenbach.

Featherman, D. L. (1989). Erfolgreiches Altern: Adaptive Kompetenz in einer Ruhestandsgesellschaft. In: P. B. Baltes, M. Kohli, & K. Sames (Hrsg.): *Erfolgreiches Altern. Bedingungen und Variationen* (S. 11-18). Bern, Stuttgart, Toronto, Seattle: Hans Huber.

Fischer, W. D. (1988). Bewegungstherapie unter kommunikativem Aspekt - Integration psychosozialer Übungsangebote in körperbezogene Gruppenbehandlungen. In: H. Binkowski & W. D. Fischer (Hrsg.): *Erlebnisorientierte Bewegungstherapie. Körperwahrnehmung und Körpererleben* (S. 9-17). Köln: Strauß.

Fooken, I. (1993). Frauen im Alter. In: J. Otto (Hrsg.): *Die älter werdende Gesellschaft* (S. 195-217). Wiesbaden: Bundesinstitut für Bevölkerungsforschung.

Heckmann, B. (1995). Spielräume schaffen, Freiräume lassen – Beispiele aus der Praxis des Seniorensports. *Sportpraxis, 36*, 17-20.

Höhn, C. & Roloff, J. (1994). *Die Alten der Zukunft - Bevölkerungsstatistische Datenanalyse. Forschungsbericht.* Stuttgart, Berlin, Köln: Kohlhammer.

Imhof, A. E. (1988). *Von der unsicheren zur sicheren Lebenszeit. Fünf historisch-demographische Studien.* Darmstadt: Wissenschaftliche Buchgesellschaft.

Kirchner, G. (1997). Motorisches Lernen im Alter. Ergebnisse, Fragestellungen, Ziele. In: H. Baumann & M. Leye (Hrsg): *Bewegung und Sport mit älteren Menschen. Wie - Was - Warum?* (S. 183-198). Aachen: Meyer & Meyer.

Kohli, M. (1986). Gesellschaftszeit und Lebenszeit. Der Lebenslauf im Strukturwandel der Moderne. In: J. Berger (Hrsg.): *Die Moderne - Kontinuität und Zäsuren. Soziale Welt, Sonderband 4*, 183-208.

Kolb, M. (1995a). *Spiele für den Herz- und Alterssport. Perspektive und Praxis einer spielorientierten Bewegungstherapie.* Aachen: Meyer & Meyer.

Kolb, M. (1999). *Bewegtes Altern. Grundlagen und Perspektiven einer Sportgeragogik.* Schorndorf: Hofmann.

Kolb, M. (2000). „Bewegtes Altern": Perspektiven einer Sportgeragogik. *Sportwissenschaft, 30,* 68-81.

Kruse, A. (1989). Psychologie des Alters. In: K. P. Kisker u. a. (Hrsg.): *Alterspsychiatrie. Psychiatrie der Gegenwart. Bd. 8* (S. 1-58). Heidelberg: Springer.

Lang, E. (1975). Sport und präklinische Geriatrie. *Sportarzt und Sportmedizin, 26* (4), 76-80.

Lang, E. & Lang, B. M. (1990). Die Bedeutung von körperlicher Aktivität und Sport in den verschiedenen Lebensphasen. In R. Schmitz-Scherzer, A. Kruse & E. Olbrich (Hrsg.), *Altern - Ein lebenslanger Prozeß der sozialen Interaktion* (S. 139-146). Darmstadt: Steinkopff.

Lang, E. & Lang, B. M. (1993). Bewegung als Prävention vor Krankheit im Alter. *Zeitschrift für Gerontologie, 26,* 429-435.

Laslett, P. (1995). *Das dritte Alter. Historische Soziologie des Alterns.* Weinheim: Juventa.

Mader, A. (1990). Aktive Belastungsadaptation und Regulation der Proteinsynthese auf zellulärer Ebene. *Deutsche Zeitschrift für Sportmedizin, 41,* 40-58.

Mader, W. (1995). Altwerden in einer alternden Gesellschaft? Auf dem Weg zu pluralen Alterskulturen. In: W. Mader (Hrsg.): *Altwerden in einer alternden Gesellschaft. Kontinuität und Krisen in biographischen Verläufen* (S. 14-36). Opladen: Leske und Budrich.

Mader, A. & Ullmer, S. (1995). Biologische Grundlagen der Trainingsanpassung und der Bezug zu den Begriffen Gesundheit, Fitneß und Alter. In: W. Schlicht & P. Schwenkmezger (Hrsg.): *Gesundheitsverhalten und Bewegung* (S. 35-59). Schorndorf: Hofmann.

Meusel, H. (1982). *Sport, Spiel, Gymnastik in der zweiten Lebenshälfte. Ziele, Training, Unterricht, Organisation.* Bad Homburg, Frankfurt am Main: Limpert.

Meusel, H. (1996). *Bewegung, Sport und Gesundheit im Alter.* Wiesbaden: Quelle & Meyer.

Mittelstraß, J. et. al. (1992). Wissenschaft und Altern. In: P. B. Baltes & J. Mittelstraß (Hrsg.): *Zukunft des Alterns und gesellschaftliche Entwicklung. Akademie der Wissenschaften zu Berlin. Forschungsbericht 5* (S. 695-720). Berlin, New York: Walter de Gruyter.

Prahl, H.-W. & Schroeter, K. R. (1996). *Soziologie des Alterns.* Paderborn: Schöningh.

Rosenmayr, L. (1983). *Die späte Freiheit. Das Alter - ein Stück bewußt gelebten Lebens.* Berlin: Severin und Siedler.

Rosenmayr, L. (1994). Altersgesellschaft - bunte Gesellschaft? Soziologische Analyse als Beitrag zur politischen Orientierung. *Journal für Sozialforschung, 34,* 145-172.

Schäffter, O. (1999). Kontexte der Selbststeuerung in der Transformationsgesellschaft. In: R. Evers u.a. (Hrsg): *Leben lernen. Beiträge zur Erwachsenenbildung* (S. 33-47). Münster, New York, München, Berlin: Waxmann.

Smith, J. et. al. (1996). Wohlbefinden im Alter: Vorhersagen aufgrund objektiver Lebensbedingungen und subjektiver Bewertung. In: K.-U. Mayer & P. B. Baltes (Hrsg.): *Die Berliner Altersstudie. Ein Projekt der Berlin-Brandenburgischen Akademie der Wissenschaften* (S. 497-523). Berlin: Akademie.

Tews, H. P. (1993). Neue und alte Aspekte des Strukturwandels des Alters. In: G. Naegele & H. P. Tews (Hrsg.): *Lebenslagen im Strukturwandel des Alters. Alternde Gesellschaft - Folgen für die Politik* (S. 16-42). Opladen: Westdeutscher Verlag.

Tews, H. P. (1996). Produktivität des Alters. In: M. M. Baltes & L. Montada (Hrsg.): *Produktives Leben im Alter* (S. 184-210). Frankfurt, New York: Campus.

Weineck, J. (1994). *Sportbiologie* (4. Aufl.). Erlangen: perimed.

Verzeichnis praxisbezogener Literatur

Flemming, I. & Fritz, J. (1994). *Ruhige Spiele. Entspannungs- und Konzentrationsspiele für Grundschulkinder.* Mainz: Gruenewald.

Flemming, I. & Fritz, J. (1995). *Wahrnehmungsspiele für Grundschulkinder.* Mainz: Gruenewald.

Kolb, M. (1995b). Ruhe, Konzentration und Entspannung. *Sportpädagogik, 6,* 61-66.

Kolb, M. (1996). Gedächtnistraining durch Bewegungsspiele. *Praxis der Psychomotorik, 21,* 19-25.

Stöhr, U. (1994). *Das Seniorenspielbuch. 250 praktische Anregungen für die Gruppenarbeit.* Weinheim und Basel: Beltz.

Thiesen, P. (1994). *Mit allen Sinnen spielen.* Weinheim und Basel: Beltz.

Völkening, M. (1997). *Meine schönsten Entspannungsspiele.* Bergheim: Verlag für Pädagogik.